HELGA ROSEMANN

Pfälzer Küchenschätze

DAS BACKBUCH

Heimat *genießen*

Wartberg Verlag

Bildnachweis

Alle Bilder in diesem Buch wurden von Helga und Philipp Rosemann fotografiert. Dies gilt mit Ausnahme der Fotos auf den folgenden Seiten: 8 oben pixelio (Henrik Gerold Vogel), 8 unten pixelio (Andreas Morlock), 9 pixelio (Timo Kostermann), 64 Christopher Collet, 77 wikimedia (BlueBreezeWiki), 88 wikimedia (Scan by Raymond Spekking).

Quellennachweis

S. 24: Emmy Braun, „Neues Pfälzer Kochbuch für bürgerliche und feine Küche" (Grünstadt: J. Schäffer's Buchhandlung, 1870).
S. 24: Anna Bergner, „Pfälzer Kochbuch" (Mannheim: Verlag von Tobias Löffler, 1858).
S. 52: Das Mandelhupfrezept folgt einer Anregung Wolfram Siebecks in seinem Buch „Tischlein deck' dich!" (Frankfurt am Main: Eichborn, 1996).
S. 60: Friederike Luise Löffler, „Ökonomisches Handbuch für Frauenzimmer, Erster Band, welcher das Kochbuch enthält" (Stuttgart: Johann Friedrich Steinkopf, 1795).
S. 92: Das Wort „Gebäcksle" ist dem „Schifferstadter Kochbuch" (Schifferstadt: Geier Druck und Verlag, 8. Aufl. 2020) von Peter M. Lill entnommen.

1. Auflage 2024

Gestaltung und Satz: www.ravenstein2.de
Druck: Druck- und Verlagshaus Thiele & Schwarz GmbH, Kassel
Buchbinderische Verarbeitung: Buchbinderei S. R. Büge, Celle

34281 Gudensberg-Gleichen · Im Wiesental 1
Telefon: 056 03/9 30 50 · www.wartberg-verlag.de

ISBN 978-3-8313-3024-9

HELGA ROSEMANN

Pfälzer Küchenschätze

DAS BACKBUCH

Wartberg Verlag

DAS BACKBUCH

Inhalt

Vorwort

Die Bäckerin (oder den Bäcker) in uns entdecken

Liebe Leserinnen und Leser!

Angesichts des Überangebots, das uns dazu verführen möchte, Backwaren jeglicher Art vorgefertigt oder gar fertig zu kaufen und nach Hause zu tragen, ist es erstaunlich, dass das Selbstbacken auch in dieser hektischen Zeit nicht aus der Mode gekommen ist. So mancher Haushalt bewahrt noch Mutters oder Großmutters Rezepte auf, um sie gerne wieder aus der Schublade zu ziehen, wenn das nächste Geburtstagskränzchen bevorsteht.

Selbstverständlich backen wir heute mit ganz anderen Mitteln: Rührstab und Küchenmaschine sind an die Stelle des Holzlöffels getreten, mit dem seinerzeit auf sehr mühevolle Weise so lange geschlagen und gerührt wurde, bis die Arme verkrampft und müde heruntersanken. Nehmen wir nur Butter und Zucker: Mit dem Handmixer werden sie ruckzuck zur perfekten Creme und weiter geschlagen mit Eiern, Mehl und all den anderen Zutaten zu einem gleichmäßigen Teig. Alles, was so elektrisch gerührt wird, ist unvergleichlich besser verarbeitet als all die Mühe unserer Vorfahren es hat erreichen können. Dieser Teig hat dann wesentlich bessere Voraussetzungen, zu einem perfekten Backwerk aufzugehen.

So können wir heute ohne allzu große Mühe eine Kaffeetafel mit Kuchen jeder Art und für alle Gelegenheiten bestücken. Und bei jedem dieser Kaffeekränzchen entdecken wir alte Köstlichkeiten, die – wenn auch vielleicht in etwas anderer Form – unsere Großmütter schon aufgetischt haben. Es sind zum Teil solche Pfälzer Rezepte, die ich in diesem Pfälzer Backbuch für Sie aufgeschrieben habe, aber ebenso entspringen einige der modernen Pfälzer Backkunst.

Sie sollten zunächst das Rezept Ihrer Wahl finden, die Zutaten zusammentragen und erst dann ans Werk gehen. Und dabei wünsche ich Ihnen gutes Gelingen und hoffe, dass die so entstandene Köstlichkeit mit gebührender Bewunderung belohnt wird.

Viel Freude beim Nachbacken der pfälzischen Klassiker und gutes Gelingen wünscht

Ihre Helga Rosemann

Butter, Zucker, Eier, Mehl

Butter nicht nur für die Form

Fangen wir gleich bei der Butter an: Sei es um des Sparens willen oder weil Butter als eher ungesund gilt, benutzen einige Mitmenschen lieber Margarine. Aber wir essen ja nicht jeden Tag Kuchen und schon gar nicht selbstgebackenen. Wenn Sie ein wirklich perfektes Backwerk zaubern möchten, dann nehmen Sie bitte Butter, nicht nur um die Form auszustreichen, sondern auch für den Teig.

Ein kleiner Hinweis noch: Für Rührteige, wie beispielsweise einen Gleichgewichtkuchen, sollten Sie nicht die kalte, steinharte Butter aus dem Kühlschrank verwenden.

Bei dem Versuch, Butter und Zucker mit dem Rührbesen des Handmixers zu bearbeiten, werden Ihnen die Zutaten im wahrsten Sinne des Wortes „um die Ohren fliegen". Wenn hingegen die Butter weich und geschmeidig ist und sie auf der niedrigsten Stufe beginnend bearbeitet wird, können Sie sie mit dem zugegebenen Zucker im Handumdrehen zu einer perfekten Creme rühren. Dann kann es weitergehen mit den übrigen ausgewählten Zutaten.

Zucker: feine Raffinade

Beim Zucker ist es heute ganz selbstverständlich, dass zum Backen nur „feine Raffinade" Verwendung findet oder auch (in einigen wenigen Rezepten) Puderzucker.

Grobkörniger Zucker würde bei der Verarbeitung sehr lange Zeit in Anspruch nehmen, um sich aufzulösen.

Eier verschiedenen Gewichts

Oh ja, die Eier – das ist ein sehr wichtiges Kapitel. Ihr Gewicht variiert um die 15–20 g, je nach Größe. Kaufen wir kleine Eier, so wiegen diese nur etwa 45 g, große hingegen bringen bis zu 60–65 g auf die Waage. Ich gehe in meinen Angaben immer von mittelgroßen Eiern aus, deren Gewicht dann bei zirka 55 g liegt. Diese Unterschiede muss man, bei feinen Backwaren wenigstens, in Rechnung stellen und, wenn nötig, eben ein Ei mehr in die Schüssel schlagen.

Welches Mehl wofür?

Folgende Mehle finden in meinen Rezepten Verwendung: Der Grundtyp 405, ein feines weißes Haushaltsmehl für Kuchen und Gebäck, ist fast immer richtig. Typ 550 ist stärker ausgemahlen und hat bessere Klebeeigenschaften als 405. Ich verwende es sehr gerne für Hefekuchen, obwohl es eigentlich ein Brotmehl ist. Typ 1050, auch eigentlich für Brot bestimmt, eignet sich zum Beispiel sehr gut fürs Früchtebrot.

Dann muss noch der Dinkel Erwähnung finden, eine alte Weizenart. Die goldgelben Körner sind doppelt so groß wie die des herkömmlichen Weizens, der Ertrag aber im Vergleich gering. Für den konventionellen Anbau ist Dinkel aus vielerlei Gründen ungeeignet. Das macht das Dinkelmehl etwas teurer, aber es ist auch ein qualitativ besonders gutes Mehl, denn Dinkel wird – weil dies den Ertrag auch kaum steigert – ohne künstlichen Dünger angebaut.

Ein Blick in den Backofen

Im Backofen läuft ein erstaunlicher Prozess ab: In der Hitze des Backofens verändern sich die soeben zu einem Teig verarbeiteten Zutaten und werden unter den Augen des Beobachters zu einem Kuchen, Brot oder Plätzchen.

Vom Kleber im Mehl

Durch die Stoffe Gladin und Glutenin, die ein Bestandteil des Mehles sind, entsteht sogenannter Eiweißkleber. Dieser quillt, wenn er mit Flüssigkeit in Verbindung kommt, und gerinnt durch die Hitze. Da bei diesem Vorgang Wasser austritt, wird die Mehlstärke zum Quellen und Verkleben gebracht.

Fett und Ei – zwei, die sich gut ergänzen

Fett und Ei sorgen nicht nur dafür, dass das Backgut schmackhaft wird, sondern sie sind auch eine weitere Treibkraft. Sie lassen den Kuchen also aufgehen, machen darüber hinaus den Teig geschmeidig und sorgen so für die bessere Verteilung der Zutaten. Denn das Fett, das beim Backen schmilzt, gibt Wasser ab. Dieses wandelt sich zu Dampf, der entweichend dem Teig Auftrieb gibt. Eier wirken sehr ähnlich, denn auch das Eigelb enthält ja Fett.

Locker und luftig

Kommen nun noch steif geschlagene Eiweiße hinzu, so sorgt dies zusätzlich für Lockerheit. Es sind die in das Eiweiß geschlagenen kleinen Luftbläschen, die den Kuchen treiben. Dies ist also der Grund dafür, dass Sie in einigen der Rezepte immer wieder lesen werden: „Das Eiweiß zu sehr steifem Schnee schlagen und behutsam mit einem Spachtel unter den Teig heben." Mischt man aber mit einem Quirl alles einfach untereinander, so zerstört man die Bläschenstruktur.

Bei Teigen ohne festen Eischnee treten andere Backtriebmittel – Hefe und Backpulver – in Aktion, werden aber natürlich auch zusätzlich verwendet. Insbesondere einfache, aber auch besonders schwere Teige brauchen diesen zusätzlichen Kick des Backtriebmittels.

Was ist Hefe?

Die Hefe ist zunächst einmal ein Pilz. Schon 1850 konnte der Franzose Louis Pasteur (1822–1895) den Nachweis erbringen, dass Hefe Gärung verursacht. Der Chemiker, Biologe, Mediziner und Bakteriologe entwickelte auch das Verfahren der Haltbarmachung von Lebensmitteln durch Erhitzen. Dieses Verfahren ist uns heute als „Pasteurisieren" bekannt.

Und dies ist der Prozess, den die Hefe auslöst: Bei einer gewissen Wärme entzieht die Hefe dem Mehl Zucker und Kohlenhydrate, die sogleich zu Kohlendioxid und Alkohol vergären, wenn feuchte Wärme sie umhüllt. Der Alkohol verdunstet, während das Kohlendioxid Blasen bildet. Beide zusammen dehnen sich in der Hitze aus und treiben den Teig dabei vor sich her, nach außen.

Und was ist Backpulver?

Das Backpulver ist die geniale Erfindung des Apothekers Dr. August Oetker (1862–1918). In der Aschoffschen Apotheke in Bielefeld entwickelte er das Backtriebmittel. Er nannte es „Backin", und durch seine geschickte Vermarktung fand es reißenden Absatz. So wurde aus seiner Apotheke schnell ein erfolgreiches Unternehmen.

Das Gemisch aus Natron und Weinstein löst sich im feuchten Teig auf. Eines verändert das andere. Die Weinsteinsäure befreit die Kohlensäure des Natrons, aus der Wasser und Kohlendioxid werden. Das Wasser verdampft, treibt nach oben, und das Kohlendioxyd seinerseits will entweichen und beide treiben das Backwerk zum Aufgehen an.

Ein Hinweis zur Backtemperatur

Die in diesem Buch angegebene Backtemperatur kann immer nur ein Richtwert sein, denn jeder Backofen erfordert eine individuelle Temperatureinstellung. Hier aber einige Hinweise zur ersten Orientierung.

Bei der Verwendung von Heißluft ist ein Vorheizen nicht erforderlich. Der Ventilator an der Rückwand Ihres Backrohres verteilt die Hitze sofort gleichmäßig. Deshalb ist bei Umluftöfen die Temperatur zwischen 10 und 15°C geringer einzustellen als in den Rezepten angegeben. Die Backzeit ist im Gegenzug aber um 10 Minuten länger. Idealerweise wählen Sie die mittlere Einschubleiste.

Soll aber bei traditioneller Ober- und Unterhitze gebacken werden, wird der Backofen auf die gewünschte Temperatur vorgeheizt. Erst dann kann das Backgut der Backröhre anvertraut werden. Möchten Sie Ihr Backgut überbacken, dann wählen Sie eine höhere Temperatur und stellen Oberhitze ein.

Wer seinen Backofen kennt, wird Temperatur und Zeit einschätzen können. Achtgeben und hin und wieder „in die Röhre schauen" sollte hingegen jeder, der noch ein wenig unsicher ist.

Die folgende Tabelle berechnet die Temperatur für ein Gasbackrohr:

100°C–120°C = Stufe ½–1
120°C–150°C = Stufe 1–2
150°C–175°C = Stufe 3
180°C–200°C = Stufe 3–4
200°C–210°C = Stufe 4
220°C–240°C = Stufe 4–5

Und nun wünsche ich allen Bäckerinnen und Bäckern viel Spaß beim Ausprobieren!

Das Backen in der Pfalz

Gebacken wird in allen Kulturen seit Beginn der Menschheitsgeschichte. Aristoteles sagte, der Mensch unterscheide sich vom Tier durch die Sprache. Das mag sein. Aber auch Backen ist etwas typisch Menschliches. Oder haben Sie schon einmal einen Hund oder Affen backen sehen? Na also ...

Nur Menschen bearbeiten das, was sie essen, vor dem Verzehr. Zu dieser Verarbeitung gehören vor allem Kochen und Backen. Beides erfordert Hitze, setzt also die Erfindung des Feuers voraus. Das stahl bekanntlich Prometheus von den Göttern ... aber das ist ja nur so ein Mythos.

Aber zurück zum Backen. Alle Kulturen backen, aber unterschiedlich. Das hängt von vielerlei Faktoren ab, nicht zuletzt aber davon, was die Erde an Nahrungsmitteln hergibt. Apfeltorte erfordert Äpfel. Man wird sie also kaum in den Tropen finden, wo andere Früchte gedeihen. In Hochkulturen, in denen Oberschichten sich eine luxuriöse Lebensweise leisten können, wird sich dies auch in besonders reichhaltigem Gebäck niederschlagen. Man denke an die von Fürst von Metternich in Auftrag gegebene Sachertorte.

Nach dem gerade Gesagten wird es nicht überraschen, dass Pfälzer Backwaren eher einfach gehalten sind. Riesige Sahnetorten gibt es weniger und stattdessen eher Dinge wie den Kerscheplotzer, der sich aus altem Brot und Kirschen preiswert herstellen ließ. Denn früher war die Pfalz ein von der Landwirtschaft geprägtes Gebiet, wo es nicht immer opulent zuging. Doch Obst, ob wild gepflückt oder angebaut, gab es im Sommer immer. Daher die verschiedenen Obstkuchen mit Quetsche oder Mirabellen.

Anderseits ist bereits seit der Römerzeit der Weinanbau charakteristisch für die Pfalz. Dies erklärt die Existenz von Gebäck wie Rotwoikuche oder Woicremetort. Schließlich sollte man die Nähe zu Frankreich nicht vergessen, die dazu geführt hat, dass die Pfälzer mit ihren französischen Nachbarn eine Vorliebe zu Flammkuchen – pardon, Tartes flambées – teilen.

Obstkuchen

QUETSCHEKUCHE

für ein Blech

Vielerlei Obst gedeiht in der Pfalz, und Obstkuchen jeglicher Art werden daraus gebacken. Ein Blech mit einem Hefeboden, belegt mit vollreifen Quetschen, nach dem Backen mit einer Zucker-Zimt-Mixtur bestreut, sodass der Saft nur so aus den Früchten quillt – das ist zur Quetschezeit der Pfälzer liebster Kuchen. Aber bitte mit Sahne!

Zutaten für den Teig

500 g Mehl
1 Würfel frische Hefe oder 1 Päckchen Trockenhefe
85 g Zucker
ca. ¼ l Mich
½ TL Salz
100 g Butter
1 Ei
abgeriebene Schale einer halben Bio-Zitrone
Butter für das Backblech

Zutaten für den Belag

2 kg Zwetschen
Zucker und Zimt zum Bestreuen

Gut zu wissen,

... dass „Grumbeersupp un Quetschekuche" eine Pfälzer Spezialität ist. Die Kombination scheint erst einmal ungewöhnlich zu sein, ist für die Pfälzer aber ein weithin beliebtes Gericht ihrer Regionalküche.

Zubereitung

Das Mehl in eine Schüssel geben und in die Mitte eine Mulde drücken. Dahinein die Hefe bröckeln (Trockenhefe nach Vorschrift verwenden). Etwas Zucker darüber streuen und mit der Hälfte der warmen Milch und etwas Mehl zu einem glatten Vorteig verrühren. Die Schüssel abdecken und den Vorteig an einem warmen Ort 20 Minuten, oder bis er sich verdoppelt hat, gehen lassen. Nun die Butter, die restliche Milch, Zucker, Ei, Salz und abgeriebene Zitronenschale (alles soll Raumtemperatur haben) in die Schüssel geben, mit einem Holzlöffel gründlich verarbeiten und anschließend mit den Knethaken des Handmixers schlagen, bis der Teig Blasen wirft. Zum Schluss den Teig auf einer Arbeitsplatte mit den Händen noch 5 Minuten durchkneten. Er wird besonders schön glatt, wenn er dabei immer wieder hochgenommen und kräftig auf die Arbeitsplatte geworfen wird. Mit einem Tuch bedeckt an einem warmen Ort nochmals 20 Minuten gehen lassen. Nachdem der Teig zu einem üppigen Ball aufgegangen ist, kommt er auf das Kuchenblech, um zunächst mit dem Rollholz und schließlich mit den Fingerspitzen ausgelegt zu werden.

Für den Belag die Früchte entkernen, der Länge nach auf einer Seite einschneiden (nicht durchschneiden!) und nochmals der Länge nach an den Kanten oben und unten bis etwa zur Mitte einritzen. Dicht gedrängt mit der Haut nach unten auf dem Teig verteilen.

Bei 200°C 35–45 Minuten backen. Den Quetschekuche noch warm mit der vorbereiteten Zimt-Zucker-Mischung bestreuen.

APFELTORTE MIT DECKEL

für eine Springform von 26 cm Ø

Emmy Braun nannte in ihrem „Neuen Pfälzischen Kochbuch" den uns heute als Gedeckten Apfelkuchen bekannten Kuchen „Apfeltorte mit Deckel". Das war im Jahre 1870, womit darauf hingewiesen sei, dass dieses Rezept schon damals in die Pfälzer Küche eingegangen war.

Zutaten für den Teig

400 g Mehl
150 g Butter
1 großes Ei
75 g Zucker
1 gute Prise Salz

Zutaten für den Belag

5–6 nicht zu kleine Äpfel
Zucker (die Apfelsorte bestimmt die Zuckermenge)
Rosinen (nach Geschmack)
Hasel- oder Walnüsse, grob gehackt

Gut zu wissen,
... dass sich zum Backen der säuerliche Boskop ganz hervorragend eignet.

Zubereitung

Das Mehl auf eine Arbeitsfläche häufen und in die Mitte eine Kuhle drücken. Dahinein zunächst das Ei geben, vom Rand her etwas Mehl drüberstreuen, Zucker und Salz folgen nun, und über allem dann die Butter in Stückchen verteilen. Mit den Fingern das Mehl vom Rand her einarbeiten. Dabei zwischen den Fingerspitzen die Zutaten zusammenreiben. Wenn sich eine leichte Bindung zeigt, wird der Teig schnell einmal durchgeknetet. In Alufolie eingeschlagen wandert der Teigballen – denn ein solcher sollte es dann sein – für eine Stunde in den Kühlschrank.

Der ja immer noch etwas krümelige Teig lässt sich gut gekühlt wesentlich besser ausrollen. Dazu legt man ihn auf eine leicht mit Mehl bestäubte Arbeitsfläche. Mit dem Rollholz einen Streifen rollen, dreifach übereinanderschlagen, um 90° drehen und die Prozedur wiederholen. Sie werden sehen: Nach drei- oder auch viermal haben Sie den perfekten Teig, der sich ganz vorzüglich verarbeiten lässt. Für den Boden zwei Drittel des Teiges ausrollen, zusammenfalten, in die mit Butter ausgestrichene Form legen und einen Rand hochziehen. Die Äpfel, geschält, entkernt, gestückelt, mit Zucker, Rosinen und den Nüssen vermischt, auf dem Boden verteilen. Nun löst man den Rand von der Form, schlägt ihn über die Apfelmischung und legt den wiederum ausgerollten Teigdeckel darauf. Die übereinanderliegenden Teigstücke sorgfältig verbinden. In den Teigdeckel einige Löscher stechen.

Die Apfeltorte im auf 180–200°C vorgeheizten Backofen 40 Minuten backen. Nach kurzem Abkühlen den Kuchen auf einen Rost gleiten lassen. Wer mag, vollendet sein Werk noch mit einem Zuckerguss, der ruhig auch etwas Rum enthalten darf. Stellen Sie aber auch eine Schüssel Schlagsahne auf den Kaffeetisch.

KERSCHEPLOTZER

für 4 Personen

Die „Kersche" sind natürlich Kirschen, aber die Bedeutung des zweiten Bestandteils des Wortes ist nicht ganz klar. „Plotzen" ist in der Pfälzer Mundart ein Verb, das „mit dumpfem Geräusch hart auffallen" bedeutet. Ein Beispielsatz wäre: „Die Äbbel plotze vum Baam uf de Borre" (also: auf den Boden).

Zutaten

6 Milchbrötchen
500 ml Milch
100 g Butter
4 Eier
75 g Zucker
50 g blanchierte, gemahlene Mandeln
775 g Süßkirschen
1 Prise Salz
½ TL Zimt
Butter zum Ausstreichen der Form
Paniermehl zum Ausstreuen der Form
wahlweise ein Gläschen Kirschwasser

Zubereitung

Die Brötchen in Würfel schneiden und mit der erwärmten Milch übergießen. Butter, Zucker, Eigelbe und Gewürze mit dem Handquirl in einer Schüssel schaumig rühren. Die Mandeln untermischen. Aus dem Eiweiß einen sehr steifen Schnee schlagen. Die milchgetränkten Brötchen mit einer Gabel durchrühren. Nicht völlig zerkleinert, aber sämig soll die Mixtur schon sein, die nun mit der Eigelbcreme vermischt wird. Das Kirschwasser zugießen und die Kirschen untermischen. Zuletzt wird der Eischnee mit einem Spatel untergehoben. Eine Auflaufform mit Butter ausstreichen, mit Bröseln ausstreuen und dahinein die Masse füllen.

Im auf 180–200°C vorgeheizten Backofen 45–50 Minuten backen und warm servieren. Sahne oder Vanillesauce reichen die Pfälzer dazu.

Gut zu wissen,

... dass das Plotzerrezept ursprünglich keine entsteinten Kirschen verwendete. Der Kerscheplotzer war in früheren Zeiten also ein „Spuckekuche". Die moderne Form verwendet nun eher entsteinte Kirschen. So habe ich es auch gehalten.

TIPP

Rhabarber kann für den späteren Gebrauch sehr gut eingefroren werden.

RHABARBER-BAISERTORTE

für eine Springform von 26 cm Ø

Rhabarber (Rheum rhabarberum) wurde im 18. Jahrhundert aus Ostasien kommend im europäischen Raum eingeführt. Er gilt als das erste Freilandgemüse des Jahres und kommt ab Ende März bis Anfang April auf den Markt. Die Saison ist auf drei Monate begrenzt. Denn mit zunehmendem Alter der Pflanze können die Oxalsäurewerte steigen. Daher sollte nach Saisonende – das ist traditionell der Johannistag am 24. Juni – auf Rhabarber verzichtet werden.

Zutaten für den Boden

100 g weiche Butter
75 g Zucker
3 große oder 4 kleine Eigelbe
50 g Speisestärke
150 g Mehl
1½ TL Backpulver
6 EL Milch
1 Prise Salz

Zutaten für den Belag

350 g Rhabarber, geputzt und in kleine Stücke geschnitten
Eiweiße der für den Boden verbrauchten Eier und noch 1 weiteres Eiweiß
125 g Zucker
1 TL Vanillezucker
50 g blanchierte und gemahlene Mandeln

Zubereitung

Alle Zutaten für den Boden in eine Schüssel füllen und mit dem Rührstab zu einem glatten Teig verarbeiten. In eine sorgsam mit Butter ausgestrichene Springform geben und bei 180°C im vorgeheizten Backofen etwa 30 Minuten backen.

In der Zwischenzeit den Rhabarber schälen und in etwa 1 cm dicke Scheiben schneiden. Das Eiweiß zu Schnee schlagen, nach und nach Zucker und Vanillezucker einstreuen. Dabei weiterschlagen, bis eine sehr feste Baisermasse entstanden ist. 5 oder 6 EL aufbewahren, unter den anderen Teil die Mandeln ziehen und schließlich auch die Rhabarberstückchen. Auf dem vorgebackenen, ein wenig abgekühlten Boden diese Rhabarber-Mixtur verteilen, darüber den aufbewahrten Eischnee streichen, bei 140–150°C etwa 40 Minuten fertig backen.

Ein wenig abkühlen lassen, aus der Form lösen und auf einen Kuchenrost zum Auskühlen stellen.

MIRABELLENTORT

für eine Springform von 28 cm Ø

Mirabellen eignen sich hervorragend zur Herstellung von Schnaps, besonders die Nancy-Mirabelle. Wie der Name schon verlauten lässt, stammt sie aus der Region Nancy in Lothringen. Ihre roten Bäckchen machen sie, wenn sie die Vollreife erlangt haben, unverwechselbar.

Aber hier geht es natürlich um Kuchen! Mirabellen kann man in der Pfalz vielerorts sogar wild pflücken, allerdings besteht die Gefahr, dass man dann auf sehr saure, ja bittere Früchte stößt, die sich nicht zu Kuchen verarbeiten lassen. Also vielleicht lieber Früchte vom Markt mitbringen, um auf Nummer sicher zu gehen.

Ursprünglich stammt die Mirabelle als Kreuzung der Kulturpflaume aus Asien. Im 16. Jahrhundert gelangte sie über Persien nach Europa, wo der Mirabellenbaum ein neues Zuhause fand. Hauptanbaugebiet ist Lothringen. Dort werden heute 80 % der Weltproduktion angebaut.

Zutaten

250 g Mehl
125 g Butter
75 g Zucker
1 Ei
1 Prise Salz
750 g Mirabellen
Zucker je nach Reifegrad der Früchte
Butter und 2 EL Zucker für die Form

Gut zu wissen,

... dass es eventuell erforderlich ist, den Mirabellenkuchen – je nach Reifegrad der Früchte – vor dem Auftragen noch mit ein wenig weiterem Zucker zu bestreuen.

Zubereitung

Mehl in eine Schüssel füllen, die kalte Butter in Flöckchen darüber verteilen und mit den Fingerspitzen rasch zu schrotmehlgroßen Flocken verarbeiten. Ei, Salz und Zucker zugeben und verkneten, zu einer Kugel formen, in Frischhaltefolie einschlagen und für eine Stunde in den Kühlschrank legen.

Inzwischen die Mirabellen entkernen, halbieren und zur Seite stellen. Nun den Teig für den Boden bereiten. Auf eine mit Mehl bestäubte Arbeitsfläche den Teig legen. Mit dem Nudelholz zu einem länglichen Streifen ausrollen, dreifach übereinanderschlagen, drei- bis viermal wiederholen. Wieder ein wenig Mehl nehmen, den Boden ausrollen, dabei nach jedem Rollen immer ein wenig drehen. So erhält man die runde Form. Die Springform mit Butter sorgfältig ausstreichen, den Boden über das Nudelholz in die Form gleiten lassen. Den überhängenden Teig abschneiden und die Ränder andrücken.

Auf den Boden nun 2 EL Zucker streuen und kreisförmig, dicht an dicht, mit den halbierten und entkernten Mirabellen (Haut nach unten) belegen. Im auf 200°C vorgeheizten Backofen 20 Minuten backen, herausnehmen, mit etwas Zucker bestreuen und danach noch 5–10 Minuten fertig backen. Den Kuchen auf einem Rost abkühlen lassen.

Typisch pfälzisch – Eine Klasse für sich

Unter dieser Rubrik sind drei alte Rezepte beschrieben, die sprichwörtlich aus Großmutters oder sogar Urgroßmutters Zeiten stammen. Hin und wieder ergibt es sich, dass eine Schublade geöffnet wird, in der solche Schätze, die viele Jahre dort geschlummert haben, zum Vorschein kommen. Aber es gibt auch ältere Kochbücher aus dem 19. Jahrhundert, denen man historische Rezepte entnehmen kann. Erwähnt seien nur die Klassiker von Emmy Braun („Neues pfälzisches Kochbuch“) und Anna Bergner („Pfälzer Kochbuch“), die beide viele Auflagen erlebt haben. Ich besitze ein Exemplar der siebten Auflage (1870) von Brauns Buch, das eine Pfälzer Köchin mit vielen handschriftlichen Anmerkungen versehen hat.

Wer in der heutigen Zeit nach diesen alten Rezepten backt, hat es ungleich einfacher, als es in früheren Jahrhunderten der Fall war. Die Zutaten mussten vermischt, der Teig mühsam von Hand geschlagen und gerührt werden. Da haben wir es in der heutigen Zeit mit den modernen Geräten doch sehr viel leichter. Die Zutaten für unsere Kuchen sind im Nu gerührt, in die Form gefüllt, und ab geht es in die Backröhre. Und die können wir heute auf die gewünschte Temperatur einstellen. Denken Sie nur an die alten Küchenherde aus Omas Zeiten. Die Bäckerinnen und Bäcker (Letztere waren sicher eher selten) mussten ungleich aufmerksamer sein, wenn sie erfolgreich backen wollten.

Neues
Pfälzisches Kochbuch
für
bürgerliche und feine Küche
herausgegeben
von
Frau Emmy Braun.
Siebente verbesserte und vermehrte Auflage.
Grünstadt.
J. Schäffer's Buchhandlung.

GOLLEMOLLE

für 4 Stück

Was versteckt sich hinter der süßen Leckerei namens „Gollemolle"? Gollemolle oder auch Gullemulle ist ein alter Pfälzer Ausdruck für Apfelbrötchen oder -krapfen und bezeichnet damit einen mit Teig umhüllten Apfel, der andernorts auch als „Apfel im Schlafrock" bekannt ist. Der Pfälzer Ausdruck war in der Gegend um Bad Dürkheim gebräuchlich, ist aber heute leider in Vergessenheit geraten.

Der Pflanzenkundler Julius Wilde (1864–1947) aus Neustadt erwähnt „Gollemolle" in seinem 1923 erschienenen Werk „Die Pflanzennamen im Sprachschatz der Pfälzer", ohne den Ursprung weiter zu kommentieren. Im Rheinischen gab es ein ähnliches Wort, nämlich „Kallemoll".

Zutaten für die Füllung

4 Äpfel
2 EL brauner Rohzucker
3 TL Butter
40 Weinbeeren, mit 4 EL Calvados übergossen
40 g gehackte Walnüsse
1 Messerspitze Zimt

Zutaten für den "Schlafrock"

300 g Blätterteig (aus dem Kühlregal)
1 Eigelb
1 EL Milch
Puderzucker zum Bestäuben

Gut zu wissen,

... dass der Zucker auch karamellisiert werden kann. Dazu 3 Minuten vor dem Ende der Backzeit die Äpfel mit Puderzucker bestreuen. Nach 3–4 Minuten ist die Haube braun überbacken.

Zubereitung

Die Walnüsse in einer Pfanne ohne Fett goldbraun rösten, etwas abkühlen lassen, mit Butter und Zucker mischen und mit dem Zimt würzen. Aus den Äpfeln die Kerngehäuse ausstechen. In jeden Apfel ¼ der in Calvados eingeweichten Beeren und die Mixtur aus Walnusskernen, Butter und Zucker füllen.

Nun den Blätterteig auf einer mehlbestäubten Arbeitsplatte zu einem Quadrat ausrollen. Je nach Größe der Äpfel zu Teigstücken von je 12–15 cm Größe schneiden. Auf diese Quadrate die gefüllten Äpfel setzen und so zusammenklappen, dass die vier Ecken oben zusammentreffen – fest verschließen, dabei darauf achten, dass die Ränder aneinanderhaften. Das Eigelb mit der Milch verklopfen und die Schlafröcke damit bepinseln. 10 Minuten ruhen lassen und hernach in der vorgeheizten Backröhre bei 200°C etwa 30 Minuten backen.

Heiß, mit Puderzucker bestäubt, servieren.

PFÄLZER BROCKELKUCHEN

für eine Kastenform von 26 x12 cm

Es gibt die Geschichte einer Edenkobener Winzertochter mit dem schönen Namen Veronika, die im Jahre 1893 das Rezept für Brockelkuchen in gestochener Schönschrift aufgeschrieben haben soll. Woher die Geschichte auch stammen mag und ob sie wahr ist – man weiß es nicht. Was zählt, ist, dass der Brockelkuchen äußerst wohlschmeckend ist.

Zutaten

250 g Mehl
250 g Butter
200 g Zucker
6 Eier
250 g grob gehackte Walnüsse
2 Tafeln Schokolade (70 % Kakaoanteil)
5 EL Pfälzer Weinbrand
1 Päckchen Backpulver

Zubereitung

Butter, Zucker und die Eier in eine Schüssel füllen und mit den Quirlen des Handmixers zu einer schaumigen Masse schlagen. Dazu die zuvor geraspelte Schokolade und die gehackten Walnüsse rühren und ebenfalls den guten Pfälzer Weinbrand. Zu guter Letzt wird das Mehl, vermischt mit dem Backpulver, gründlich in den Teig eingearbeitet.

Gebacken wird der Brockelkuchen in einer Springform oder in einer Kastenform. Welche Form auch immer Sie wählen, buttern Sie diese gut aus und füllen Sie den Teig hinein. Eine Stunde bei 180°C backen. Lassen Sie den Kuchen etwas auskühlen, ehe Sie ihn aus der Form lösen und auf ein Kuchengitter stürzen.

Gut zu wissen,

... dass der Zucker ohne Probleme auf 150 g reduziert werden kann, wenn Sie's nicht ganz so süß mögen.

PFITZAUF

für 7 feuerfeste Förmchen

Seit Mitte des 18. Jahrhunderts kennt und schätzt man in der Pfalz die kleinen Pfitzauf-Küchlein, die es auch im Schwäbischen gibt. Das Besondere an diesem Gebäck ist die krustige Haube, die aus der Form quillt – sie „pfitzt auf". Diese Haube wird mit Butter und einer Zucker-Zimt-Mischung überbacken. Das Rezept war so verbreitet, dass es in einigen Haushalten eine spezielle Backform gab. Ich habe eine solche Form ergattert und die abgebildeten kleinen Kuchen darin gebacken.

Zutaten

200 g Mehl
125 g Butter
6 Eiern
100 g Zucker
¼ Liter Milch
1 TL Backpulver
1 TL Zimt

Zutaten zum Karamellisieren

100 g Butter
3 EL Zucker
1 TL Zimt

Zubereitung

Butter, Zucker und Eier mit den Quirlen des Handmixers schaumig schlagen. Anschließend Mehl, Milch, Zimt und Backpulver gründlich untermischen. Die Förmchen gut mit Butter ausstreichen und den Teig einfüllen. Im vorgeheizten Backofen bei 180°C etwa 25–30 Minuten backen. Herausnehmen und noch heiß mit der Butter bestreichen und die Zucker-Zimt-Mischung drüberstreuen. Die so vorbereiteten Kuchen nochmals, und zwar bei 220°C, in die Backröhre schieben und 6–8 Minuten backen, bis die Oberfläche schön krustig ist.

Gut zu wissen,
... dass auch eine Springform zum Backen geeignet ist, wobei sich die Backzeit dann auf 40–50 Minuten erhöht.

Pälzer Kaffeekränzche

Kaffeekränzchen gehören zur Pfälzer Tradition und werden auch zu jeder nur möglichen Gelegenheit begangen – nicht nur zu Geburtstagen, sondern auch an Sonn- und Feiertagen und wann immer sich eine Gelegenheit bietet und man Lust hat, mit Freundinnen und Freunden bei Kaffee und Kuchen zusammenzusitzen. Aber ja, in erster Linie unter Freundinnen. Herren haben an Kaffee und Kuchen in aller Regel nicht so viel Freude. Etwas später allerdings, wenn die alkoholischen Getränke ins Spiel kommen, finden sie sich gerne in der Runde ein.

So eine fröhliche Runde kann auch schon mal bis in den späteren Abend dauern oder gar bis in die frühen Morgenstunden – warum auch nicht, wenn man schon so nett beisammensitzt! Wenn dem Süßen ausreichend gefrönt wurde, gehen die Pfälzer gerne zu Prosecco, einem der guten Weine oder gar zu Hochprozentigerem über. Von allem gibt es in der Pfälzer Weinregion ein verführerisch großes Angebot.

Auch Gäste, die dann an der fröhlichen Runde vorbeispazieren, können sich dazugesellen und ein beschwingtes Pfälzer Völkchen kennenlernen. Denn auch das ist eine Besonderheit der Pfälzer, dass jeder immer willkommen ist und gerne in die sich zuprostende Gemeinschaft aufgenommen wird.

Ja dann: Zum Wohle! Die Pfalz.

MANDELPLATTE

für 1 Backblech

Nicht nur vielerlei Früchte gedeihen aufgrund des milden Klimas gut in der Pfalz. Sehr früh im Jahr säumen auch viele blühende Mandelbäume die Pfälzer Weinstraße, ein Meer aus rosa und weißen Blüten. Weithin bekannt ist das Gimmeldinger Mandelblütenfest, das in der Pfalz den Frühling einläutet.

Zutaten für den Teig

¼ l süßer Rahm
225 g Zucker
500 g Mehl
4 Eier
1 Päckchen Vanillezucker
1 Päckchen Backpulver
¼ TL Salz
Butter und Mehl für das Backblech

Zutaten für den Guss

125 g Butter
225 g Zucker
1 Päckchen Vanillezucker
¼ l süßer Rahm
250 g blanchierte Mandelstifte oder Mandelblätter

Zubereitung

Die Zutaten für den Rührteig in eine Schüssel füllen und mit den Knethaken des Handmixers zu einem glatten Teig verarbeiten. Auf dem gebutterten und mit Mehl bestäubten Backblech auslegen. Bei 200°C den Boden 10–12 Minuten vorbacken, ehe nach einem leichten Abkühlen der Guss aufgetragen wird.

Dafür aus der geschmolzenen Butter und den restlichen Zutaten die Mixtur bereiten, die auf dem vorgebackenen Boden verteilt wird. Nochmals 10–12 Minuten backen, bis die Mandeln gebräunt sind.

TIPP

Die Torte sieht umso hübscher aus, je gleichmäßiger die Mandelblättchen den Boden bedecken.

ROTWOIKUCHE

für eine kleine Gugelhupfform

Der Rotwoikuche gehört zu den Lieblingskuchen der Pfälzer. Bei einem Pälzer Kaffeekränzche fehlt er nur sehr selten. Das liegt möglicherweise daran, dass nicht am Wein gespart wird, der diesem Kuchen seinen Namen gibt.

Zutaten

250 g Mehl
250 g Butter
250 g Zucker
4 Eier (mittlere Größe)
⅛ l Rotwein
125 g Schokolade (70 % Kakaoanteil)
1 TL Zimt
2 TL Kakao
2 TL Vanillezucker
2 TL Backpulver
Puderzucker und Rotwein für die Glasur
Butter und Mehl für die Form

Zubereitung

Weiche Butter, Zucker, Eier, Mehl in einer Schüssel mit den Quirlen des Handmixers auf kleiner Stufe verrühren und dann auf höchster Stufe weiterschlagen, bis ein schaumiger Teig entstanden ist. Wein, Zimt, Kakao, Vanillezucker und Backpulver sowie die geraspelte Schokolade dazugeben und nochmals die Quirle in Aktion setzen, um alle Zutaten unterzumischen. Eine Kuchenform mit Butter ausstreichen, mit ein wenig Mehl ausstäuben und den Teig einfüllen. Bei 180°C 50–60 Minuten backen. Nach leichtem Abkühlen den Kuchen auf ein Kuchengitter stürzen.

Mit der Glasur aus Wein und Puderzucker üppig überziehen. Wer es aber nicht ganz so süß mag, kann den Kuchen auch nur mit einem Hauch Puderzucker bestreuen.

Gut zu wissen,

... dass ein Gläschen Pfälzer Rotwein auch nach dem Kuchen noch gerne getrunken wird.

KÄSCHTETORT

für eine Springform von 26 cm Ø

In der Pfalz gedeiht nicht nur Wein, den bekannterweise schon die Römer hier anbauten, sondern oberhalb der Weinberge findet man ganze Maronenbaumwälder. Maronen oder Esskastanien heißen in der Pfalz „Käschte“ oder „Keschte“ und sind auch als Kuchenzutat beliebt.

Zutaten für den Teig

250 g Mehl
125 g Butter
75 g Zucker
1 Ei
1 Prise Salz

Zutaten für den Belag

250 g geschälte, gemahlene Käschte
200 g Butter
125 g Zucker
3 Eigelbe
1 Päckchen Vanillezucker
1 EL Rum
1 TL Backpulver
Butter für die Form
Puderzucker zum Bestreuen

Gut zu wissen,
... dass ein Gläschen Likör nach dieser üppigen Torte wohltuen kann.

Zubereitung

Aus Mehl, Butter, Zucker, Ei und der Prise Salz einen Mürbeteigboden kneten und im Kühlschrank ruhen lassen.

Für den Belag Butter, Zucker und Vanillezucker sowie die Eigelbe mit den Quirlen des Handmixers schaumig schlagen. Die Käschte unterrühren und Rum und Backpulver unter den Teig mischen.

Den Mürbeteig ausrollen, die Springform sorgfältig mit Butter ausstreichen und den Teigboden in die Form legen. Einen Rand für die Füllung hochziehen und festdrücken. Sodann die Käschtemischung auf dem Boden verteilen und glatt streichen. Die Torte bei 180°C eine knappe Stunde backen. Vor dem Servieren mit ein wenig Puderzucker bestäuben.

KÄSKUCHE

für eine Form von 26–28 cm Ø

Die Pfälzer schätzen weißen Käse (gemeinhin bekannt als Quark), der zu verschiedenen Gelegenheiten und in verschiedenen Gerichten verwendet wird. So ist es nicht verwunderlich, dass auch Käskuche auf einer Pälzer Kaffeetafel keinesfalls fehlen darf. Das Besondere an dieser traditionellen Käsetorte ist: Sie ist bodenlos – ein Käsekuchen, der ganz ohne Boden auskommt.

Zutaten

1 kg Magerquark
300 g Zucker
6 Eier
2 Päckchen Vanillepuddingpulver
Butter und Semmelbrösel für die Form

Zubereitung

Quark, Zucker, Eigelbe und Puddingpulver in einer Schüssel mit den Quirlen des Handmixers gut vermischen. Aus den Eiweißen einen sehr festen Schnee schlagen und unter die Quarkmischung heben. Das geht am besten mit einem Spachtel, indem man behutsam, in mehreren Schüben, die Eigelbmasse über den Eischnee hebt. Die Eiweiße dürfen dabei ihre luftige Konsistenz, die den Kuchen aufgehen lässt, nicht verlieren. Dann wird die Käsecreme in die mit Butter ausgestrichene und mit Semmelbröseln ausgestreute Form gefüllt und rund 1 Stunde bei etwa 180°C gebacken.

Den Käsekuchen aus dem Backofen nehmen, aber erst nach 5–10 Minuten aus der Form auf einen Kuchenrost stürzen. Dabei soll die Oberseite nach unten sehen. Abkühlen lassen. Den bodenlosen Pfälzer Käsekuchen vor dem Servieren auf einen Kuchenteller – selbstverständlich Oberseite nach oben – gleiten lassen.

Gut zu wissen,

... dass die Springform sehr sorgfältig mit Butter ausgestrichen werden sollte. Damit der Teig nicht in der Form haftet bleibt, streue ich zur Sicherheit über die Butter noch ein wenig Paniermehl.

WOICREMETORT

für eine Springform von 28 cm Ø

Trauben, Wein und Weinbrand machen diese Woicremetort zu einer typisch pfälzischen Leckerei. Wie man in der Pfalz sagt: „Ritscht vun selber, do brauchschd kän Kaffee nochzuschitte."

Zutaten für den Teig

250 g Mehl
175 g Butter
55 g Zucker
2 Eigelbe
2–3 EL Pfälzer Weinbrand

Zutaten für den Belag

2 Eier
6 Blatt weiße Gelatine
60 g Zucker
⅛ l milder Weißwein
¼ l Sahne
2 EL Aprikosenkonfitüre
40 g Mandelblätter
10 g Butter
250 g helle, kernlose Trauben

Gut zu wissen
... dass die Zubereitung ein wenig aufwändig ist. Aber die Mühe lohnt sich!

Zubereitung

Aus Mehl, Butter, Zucker, Eigelben und Weinbrand den Teig bereiten, zu einem runden Boden ausrollen und in die Form legen. Der Rand sollte entsprechend der Menge der Füllung hochgezogen und in die Form gedrückt werden. Bei mittlerer Hitze 20 Minuten backen.

Unterdessen die Füllung vorbereiten. Die Gelatine in kaltem Wasser einweichen. Die Eier trennen und die Eigelbe mit 1 EL Wasser und Zucker zu einer schaumigen Masse verarbeiten. Den Wein dazugeben. Die Gelatine ausdrücken, ein wenig Wasser zugeben und bei milder Temperatur erwärmen, bis sie sich aufgelöst hat. Nun kann die Gelatine unter die bereitstehende Mischung gezogen werden, die dann kalt gestellt wird, bis sie fest zu werden beginnt. Eiweiße und Sahne jeweils sehr steif schlagen und unter die dickende Mixtur rühren. Auf dem abgekühlten Boden die Creme verstreichen und die halbierten Trauben darauf verteilen.

Den Kuchenrand außen mit Konfitüre bestreichen, sodass die zuvor in Butter gerösteten Mandelblätter gut haften. Die Torte sollte nun noch eine Weile kalt gestellt werden, bevor sie serviert wird.

GRUMBEERKUCHE MIT ÄPFELN

aus Emma Wundts „Badischem Kochbuch"

für eine Form von 26–28 cm Ø

Wir haben eben schon kurz von klassischen Pfälzer Kochbüchern gesprochen, wie etwa Anna Bergners „Pfälzer Kochbuch". Im 20. Jahrhundert erfreute sich in der Pfalz wie in Baden ein anderes Kochbuch großer Beliebtheit und weiter Verbreitung, und zwar Emma Wundts „Badisches Kochbuch". Dieses erschien erstmals 1911 auf Anregung der damaligen Großherzogin Luise von Baden (1838–1923), der Gründerin des Badischen Frauenvereins. Emma Wundt war Leiterin der Koch- und Haushaltungsschule dieses Vereins, der in der Herrenstraße 39 in Karlsruhe ansässig war.

Fräulein Wundts Kochbuch wurde wiederholt von zwei ihrer Schulkolleginnen überarbeitet und erfuhr über eine Zeitspanne von mehr als fünfzig Jahren zahlreiche Neuauflagen. Es wurden insgesamt 430 000 Exemplare gedruckt. 1915, als der Erste Weltkrieg gerade ausgebrochen war, brachte Fräulein Wundt ihr Werk gekürzt als „Badisches Kriegskochbüchlein" heraus.

Später erschien es als „Koch- und Haushaltungsbuch mit Nahrungsmittellehre und einem Anhang für Haushaltungskunde, Kinderpflege, Diät- und Krankenkost" – so der Titel der 25. Jubiläums-Auflage, die 1962 bei Berthold Dobler in Karlsruhe herauskam. Dabei handelt es sich gar nicht mehr nur um ein Kochbuch, sondern um ein Haushaltsnachschlagewerk mit Hinweisen zu allem, was man/frau so über den Haushalt wissen sollte – vom Tischdecken über das Bettenmachen bis zur Bekämpfung von Ungeziefer.

Emma Wundts Rezepte sind nach wie vor hervorragend. Ein etwas ungewöhnliches habe ich für Sie herausgesucht, zubereitet und fotografiert: Kartoffelkuchen mit Äpfeln, die Nummer 1325 unter den 1849 Rezepten der Jubiläumsausgabe. Bitteschön!

Zutaten

500 g am Tag zuvor gekochte Kartoffeln
100 g Butter oder Margarine
750 g Äpfel
4 Eier
200 g Zucker
Saft und abgeriebene Schale einer Zitrone
20 g Kartoffelmehl

Zubereitung

Die geschälten, geriebenen Kartoffeln werden in die kochende Butter gegeben und darin gedämpft, bis die Masse sich zu einem Kloß zusammenballt. Hierauf schneidet man die geschälten Äpfel in feine Blättchen, rührt Zucker und Eigelbe schaumig, schlägt das Eiweiß zu Eischnee, gibt nach und nach die Kartoffelmasse, Äpfel, Zitrone und Kartoffelmehl dazu und zieht zuletzt den steifen Eischnee darunter. Den Teig in eine Springform füllen und in guter Hitze 45 Minuten backen. Der Kuchen wird mit Zucker bestreut und lauwarm aufgetragen.

Pfälzer Hefekuchen – frisch vom Blech

Hier erst einmal einige Regeln, die Sie beachten sollten, wenn Sie einen gelungenen mit Hefe gebackenen Kuchen auftischen möchten:

Nehmen Sie alle zu verwendenden Zutaten rechtzeitig aus dem Kühlschrank und bewahren sie zusammen mit dem Mehl und allen sonstigen Ingredienzien bis zum Gebrauch an einen warmen Ort auf.

Achtung, die Milch soll warm, aber keinesfalls heiß sein, denn bei mehr als 40°C werden die Hefezellen zerstört. Machen Sie eine Fingerprobe – lauwarm ist die Milch genau richtig.

Wie Sie bei meinen Hefeteigrezepten feststellen werden, mache ich gerne einen Vorteig, den ich an einem warmen Ort aufgehen lasse. Das kann an kühlen Tagen auch der Backofen sein – auf 50°C anwärmen, ausschalten, kurz die Tür öffnen und die Schüssel hineinstellen. Schon bald kann man beobachten, wie sich ein Hügel aus dem Mehlrand wölbt. Nun ist es an der Zeit, alle übrigen Zutaten, wie in meinen Rezepten beschrieben, zu einem Teig zu verarbeiten. Vergessen Sie nicht ein wenig Salz!

Wenn der Teig gut verarbeitet ist, löst er sich von der Schüssel und „krallt“ sich an die Knethaken. Ein anderer Test: Wenn sie einen Finger in den Teig stecken und dieses Loch sich rasch wieder schließt, hat alles wunderbar geklappt. Mit einem Tuch bedeckt, wandert Ihre Schüssel wiederum an ein warmes Plätzchen, damit der Teig jetzt aufgehen kann.

Wenn Sie diese Hinweise befolgt haben, kann nichts mehr schiefgehen.
Ich wünsche Ihnen gutes Gelingen!

PÄLZER SCHNECKENUDLE

für 10 Stück

Die „Pälzer Schneckenudle“ sind nicht mit den herkömmlichen, beim Bäcker angebotenen Schnecken zu vergleichen. Sie werden je nach Rezept mit den unterschiedlichen Zutaten gefüllt. Auch sind es keine flachen Fladen, sondern üppig aufgegangene Kuchen. Sie sind ein traditionelles Pfälzer Hefegebäck und schon von alters her sehr beliebt. Bekannt sind sie andernorts auch als Rosenkuchen.

Zutaten für den Teig

500 g Mehl
gut ⅛ l Milch
1 Würfel frische Hefe oder 1 Beutel Trockenhefe
125 g Butter
2 Eier
100 g Zucker
1 Prise Salz
abgeriebene Schale einer Bio-Zitrone
Butter für die Form

Zutaten für die Füllung

100 g Korinthen
100 g gemahlenen Haselnüsse
50 g Butter
3 EL Zucker
1 TL Zimt
2 EL Sahne

Gut zu wissen,
... dass Sie für die Füllung auch Mohn oder Marzipanrohmasse verwenden können.

Zubereitung

Das Mehl in eine Schüssel geben, in die Mitte ein Grübchen drücken, die Hefe hineinbröckeln und mit einem Löffelchen Zucker bestreuen. Mit etwas lauwarmer Milch die Hefe auflösen und mit einem Tuch bedeckt an einen warmen Platz stellen, bis der Vorteig als Hügel über das Mehl herausragt. Das kann je nach Temperatur 10–20 Minuten dauern.

Inzwischen die Butter langsam erwärmen, bis sie flüssig ist, Milch zugießen und die Eier dazu quirlen. Diese lauwarme Mixtur, Zucker und die übrigen Zutaten zum Vorteig in die Teigschüssel geben und mit den Knethaken des Handmixers verarbeiten. Zunächst auf kleiner Stufe, aber sobald die Zutaten verbunden sind, auf höchster Stufe weiterarbeiten, bis der Teig nicht mehr klebt. Den Teig nun auf einem bemehlten Brett mit den Händen noch mal durchkneten, in die Schüssel zurück und wiederum mit einem Tuch bedecken und aufgehen lassen, bis er das doppelte Volumen erreicht hat. Auf einer mit Mehl bestäubten Unterlage zu einer 1 cm dicken Platte ausrollen.

Als nächstes Zucker und Zimt vermischen und auf die Teigplatte streuen. Die Zutaten für die Füllung ebenfalls mischen und gleichmäßig auf der Teigplatte verteilen, die anschließend aufgerollt wird. Die Teigrolle in 4 cm dicke Stücke schneiden und mit ein wenig Abstand zueinander in eine mit Butter ausgestrichene Kuchenform setzen. Bei 180°C ca. 50 Minuten backen.

ROSINENHUPF

für eine Gugelhupfform

Dieser traditionelle Gugelhupf ist zu jeder Tageszeit lecker – zum Frühstück, zum Kaffee, als Nachtisch, am Abend oder zu einem leichten Wein oder Likör. Wenn er frisch aus dem Ofen kommt und seinen herrlichen Duft verbreitet, schmeckt er besonders gut.

Zutaten

500 g Mehl
125 g Butter
100 g Zucker
200 ml Milch
50 ml Rum
75 g helle Rosinen
2 Eier
1 Würfel Hefe
½ TL Salz
Butter und Mandelblättchen für die Form
Puderzucker zum Bestäuben

Zubereitung

Erst einmal die Rosinen mit dem Rum begießen und zur Seite stellen.
Die Zubereitung des Hefeteigs finden Sie auf Seite 48.

Den geschmeidigen Teig aus der Schüssel nehmen und auf einer leicht mit Mehl bestäubten Arbeitsplatte nochmals gut durchkneten, dabei die abgetropften Rosinen einarbeiten, bis sie gut verteilt sind. Den Teig in die Schüssel zurücklegen, mit einem Tuch bedecken und nochmals gehen lassen. Wenn sich sein Volumen verdoppelt hat (das dauert sicherlich eine Stunde oder auch länger), wird nochmals rasch durchgeknetet. Dann kommt er in die Form. Diese zuvor gut mit Butter ausstreichen und mit Mandelblättern bestreuen.

Jetzt lässt man den Teig ein letztes Mal gehen, bis er den Rand der Form leicht überstiegen hat. Nun ist die Zeit gekommen, den Gugelhupf im auf 180°C vorgeheizten Backofen etwa 45 Minuten zu backen. Schon vor dem Ende der Backzeit verströmt er seinen köstlichen Duft.

Nach dem Backen leicht abkühlen lassen, aus der Form nehmen und mit einem Hauch Puderzucker bestäuben.

MANDELHUPF

für eine Gugelhupfform

Teile dieses traditionellen Rezepts habe ich von Wolfram Siebeck (1928–2016) übernommen, einem unserer renommiertesten Gastronomiekritiker, dem Autor wunderschöner Kochbücher und langjähriger Mitarbeiter der Wochenzeitung „Die Zeit". Siebeck verband seine kulinarischen Fähigkeiten mit der Kunst, elegant und witzig zu schreiben, was mir immer sehr gefiel.

Zutaten

500 g Mehl
10 g Salz
75 g Zucker
200 g Butter
2 Eier
200 ml Milch
1 Würfel Hefe
100 g Mandelstifte
Butter und Mandelblättchen für die Form
Puderzucker zum Bestreuen

Zubereitung

Die Hefe in der Hälfte der lauwarmen Milch auflösen. Mit etwas Mehl zu einem sämig-flüssigen Teig verrühren. An einem mäßig warmen Ort aufgehen lassen, bis die Masse sich verdoppelt hat, was bis zu 90 Minuten dauern kann.

Auf einer Arbeitsplatte das restliche Mehl, Salz, Zucker, Eier und die restliche Milch miteinander vermischen. Gut verrühren und 10 Minuten von Hand kräftig durchkneten. Den Teig immer wieder hochheben und auf die Unterlage schlagen, damit er gut durchgelüftet wird. Die Butter lauwarm werden lassen und nun ebenfalls in den Teig einarbeiten. Weitere 15 Minuten bearbeiten, bis er sich von den Händen löst. Sollte der Teig noch zu klebrig sein, ein wenig weiteres Mehl dazugeben.

Dann das Hefegemisch hineinkneten, durchwalken und auf dem Boden einer Schüssel zusammenpressen. Mit einem Tuch bedecken und aufgehen lassen. Das geschieht nach zirka einer Stunde, je nach Zimmertemperatur und Wetterlage. Danach den Teig noch einmal auf die ursprüngliche Menge zusammenklopfen.

Zuletzt die Mandeln in den Teig einarbeiten und diesen in eine vorbereitete, d. h. gründlich ausgebutterte und mit Mandelblättchen ausgelegte Gugelhupfform füllen. Die Form mit einem Tuch bedecken und den Teig ein zweites Mal aufgehen lassen, bis er etwas über den Rand hinausgequollen ist. Das kann bis zu 2 Stunden dauern.

Dann endlich ab in den vorgeheizten Backofen (210°C), wo er nach ungefähr 45 Minuten gar wird, was man deutlich riechen kann: ein wunderbarer Duft! Nach kurzem Abkühlen aus der Form kippen. Ein gelungener Gugelhupf ist außen gelb wie die Sonne und innen großporig und locker. Mit Puderzucker bestreuen.

Gut zu wissen,

... dass ein Hefekuchen sehr von der Temperatur abhängig ist, der er ausgesetzt ist. Die Zeit, die er zum Aufgehen benötigt, kann stark variieren.

TIPP

Auf dem Blech können, wenn das gewünscht ist, auch beide Kuchen Platz finden – also eine Hälfte Rahmkuchen und die zweite Hälfte Streuselkuchen.

RAHMKUCHE

für ein Backblech oder 2 Springformen von 28 cm Ø

Rahm- und Streuselkuchen sind in der Pfalz die Klassiker unter den Hefekuchen. Sie werden in allen Bäckereien regelmäßig angeboten. Da ihre Zubereitung sehr ähnlich ist, behandele ich sie hier zusammen.

Zutaten für den Teig

400 g Mehl
25 g Hefe
50 g Zucker
gut ⅛ l Milch
1 Ei
75 g Butter
½ TL Salz

Zutaten für den Belag

460 g frischer Landrahm oder Crème fraîche
100 g Zucker
1 gehäufter TL Zimt

Zubereitung

Die Zubereitung des Hefeteigs finden Sie auf Seite 48. Den vorbereiteten Teig auf dem Backblech knapp 1 cm dick ausrollen. So wird er nicht zu dick, aber auch nicht knusprig dünn, sondern – wie Sie sehen werden – genau richtig. Anschließend drückt man ihn mit bemehlten Fingern zum Rand der Form hin und auch ein wenig hoch.

Den ausgerollten Hefeboden mit dem Rahm dick bestreichen, Zucker und Zimt mischen und mit dieser Mixtur den Rahm recht üppig bestreuen. Im vorgeheizten Backofen backen – die ersten 10 Minuten bei 200°C, dann weitere 10–15 Minuten bei 150°C.

Gut zu wissen,

... dass man für einen Streuselkuchen nur den Belag variieren muss. Man benötigt dafür 100 g Mehl, 100 g Butter, 100 g Zucker und ein wenig Zimt.

In einer Schüssel werden die Zutaten mit den Fingerspitzen so lange zerkrümelt, bis Streusel daraus geworden sind. Diese werden auf dem Hefeteigboden verteilt und der Kuchen dann genauso gebacken wie der Rahmkuchen.

KRÄPPEL

für 12 Stück

„Fassnachtskiechl" oder „Kräppel" sind Berliner Ballen, werden unter der typischen Pfälzer Bezeichnung aber nicht das ganze Jahr über angeboten, sondern eben nur zur Fastnacht. Viele Pfälzerinnen und Pfälzer backen ihre Kiechle noch selbst – zur Freude der ganzen Familie, versteht sich, denn so frisch aus dem Backtopf in die Hand munden sie doch ganz besonders gut. So sagt man in der Pfalz halt auch: „Ohne Fassenachtskiechl is halt koi Fassenacht."

Zutaten

500 g Mehl
125 g Butter
100 g Zucker
1 Würfel Hefe
4 Eier
¼ l Milch
1 Prise Salz
Aprikosenmarmelade
ggf. 1 Eiweiß zum Verschließen der Ränder
Fett zum Ausbacken
Puderzucker zum Bestäuben

Zubereitung

Die Zubereitung des Hefeteigs finden Sie auf Seite 48. Den Teig fingerdick ausrollen, mit einem Glas Kreise ausstechen, in die Mitte jeweils einen Klecks Aprikosenkonfitüre setzen und mit einem zweiten Kreis aus Hefeteig bedecken. Sorgfältig die Ränder mit Eiweiß oder Wasser verkleben. In heißem Fett goldgelb ausbacken und noch heiß dick mit Puderzucker überstreuen.

Gut zu wissen,

... dass die Kräppel mit Rum-Zuckerguss bestrichen und mit einer halben kandierten Kirsche gekrönt eine tolle Variation darstellen.

GEFILLDE KRANZ

für 1 Kranz

Die Pfälzer kennen einen einfachen Hefekranz, der zum Frühstück verzehrt und auch gerne in den Kaffee getunkt wird. Der gefüllte, weitaus üppigere „Gefillde Kranz“ ist der Kaffeetafel vorbehalten.

Zutaten für den Teig

500 g Mehl
1 Würfel Hefe oder 1 Päckchen Trockenhefe
75 g Zucker
¼ l warme Milch
1 Ei
125 g Butter
1 gute Prise Salz

Zutaten für die Füllung

200 g gemahlene Haselnüsse
1 EL Honig
6 EL Sahne
abgeriebene Schale einer unbehandelten Zitrone
60 g Zucker
1 Päckchen Vanillezucker
1 Eiweiß
50 g blanchierte, gehackte Mandeln
1 EL weiche Butter
50 g Rosinen
½ TL Zimt
Puderzucker für den Zuckerguss
Mandelstifte zum Bestreuen

Zubereitung

Die Zubereitung des Hefeteigs finden Sie auf Seite 48.

Für die Nussfüllung alle Zutaten gut vermischen. Nun den Hefeteig auf einer bemehlten Arbeitsfläche 0,5 cm dick zu einem Rechteck ausrollen. Dieses in der Mitte teilen und auf jede Hälfte gleichmäßig die Füllung streichen. Die Teigstücke der Länge nach aufrollen, lose miteinander verschlingen und schließlich zu einem Kranz formen. Diesen auf einem mit Backpapier ausgelegten Backblech im vorgeheizten Backofen ca. 25 Minuten bei 200°C backen.

Mit Zuckerguss bestreichen und mit Mandelstiften bestreuen.

Gut zu wissen,
... dass die Füllung je nach Anlass und Jahreszeit unterschiedlich sein kann. So hat der Neujahrskranz im Gegensatz zu der gerade beschriebenen Nussfüllung eine Marzipanfüllung, und im Osterkranz findet sich eine Mandelfüllung.

DIE DAMPFNUDELN DER LÖFFLERIN

Dieses Rezept zu den „Dampfnudeln der Löfflerin" führt uns noch einmal in die Pfälzer Kochgeschichte. Der volle Name der 1744 in Kürnbach (Landkreis Karlsruhe) geborenen Köchin und Kochbuchautorin war Friederike Louise Löffler. Sie wurde in Stuttgart Landschaftsköchin des Herzogtums Württemberg – das heißt, sie kochte für die Abgeordneten, die „Landschaft".

Als solche erkannte sie recht bald, dass die verschiedenen Kochbücher, die zur Hand waren, mit reichlicher Unkenntnis der Materie verfasst waren. Und so machte sie sich selbst ans Werk. Ihr „Ökonomisches Handbuch für Frauenzimmer", dessen erster Band ein Kochbuch war, erschien 1791. Zwei weitere Bände folgten. Es war aber ihr erstes Buch, das zwischen 1791 und 1930 unglaubliche 38 Auflagen erlebte. Das Buch der „Löfflerin" war ein Muss in jeder guten Küche und blieb über Generationen ein Hit.

Das folgende Rezept ist wörtlich der Ausgabe von 1795 entnommen, die 1977 in Stuttgart nachgedruckt wurde.

Zubereitung

Man thut ein Pfund Mehl in eine Schüssel, 2 Löffel Bierhefen an das innere Mehl, und rührt diß mit einem halben Schoppen* lauer Milch an. Wenn es gegangen ist, rührt man einen Vierling** zuvor zerlassener Butter, 3 Eier, etwas Salz und das übrige laue Milch an den Taig, und schafft ihn so lang in der Schüssel, bis er sich losgeschält hat, läßt ihn dann wiedergehen, macht auf einem Brett runde Laiblein etwas grösser als ein Hühnerei daraus, und setzt sie in ein mit Butter bestrichenes Blech. Wenn sie noch einmal gegangen sind, werden sie mit zerlassenem Butter bestrichen, im Ofen gebacken oder auf Kohlen aufgezogen. Die Milch wird besonders darzu gegeben, und mit etlich Eiergelb abgezogen.

* 1 Schoppen = ½ l

** 1 Vierling = 125 g

BESCHWIPSTE DAMPFNUDELN

Dampfnudeln sind in der Regel recht üppig und werden hier in der Pfalz gerne mit einer Wein- oder Vanillesoße serviert. Wie alle Klöße sind sie sehr durstig und benötigen reichlich Soße. Meine Kreation kleiner Dampfnudeln, die als süße Nachspeise gedacht sind, hat viele Freunde gefunden. Denn vielerlei Fruchtsaucen passen prima zu den kleinen Klößen. Und wer nicht abgeneigt ist, kann auch zur Whiskey-Sahne-Likör-Flasche greifen, was die Dampfnudeln dann zu „beschwipsten" macht.

Zutaten für den Teig

125 g Weizenmehl (Type 405)
125 g Buchweizenmehl
20 g Hefe
100 ml Milch
75 g Butter
1 Ei
½ TL Salz
2 EL Zucker
Whiskey-Sahne-Likör
Butter für die Pfanne oder Form
Puderzucker zum Bestäuben

Gut zu wissen,
... dass eine Erdbeer-, Himbeer- oder ähnliche Fruchtsoße den Whiskey-Sahne-Likör ersetzen kann.

Zubereitung

Beide Mehle in eine Backschüssel geben, mischen und in die Mitte eine kleine Mulde drücken. Die Hefe dahinein bröckeln, mit etwas Zucker überstreuen und 4 oder 5 EL der erwärmten Milch darüber gießen, ein wenig warten, verrühren und leicht mit Mehl bestäuben. Die Schüssel mit einem Tuch bedecken und an einen warmen Platz – eventuell in den auf 50°C erwärmten Backofen – stellen, um den Vorteig aufgehen zu lassen. Nach etwa 15 Minuten sollte dann aus dem Mehlrand ein Hügel herausragen.

Die restliche Milch, Butter, Ei, Zucker und Salz (all diese Zutaten in Zimmertemperatur) zum Vorteig geben. Die Mischung zunächst mit den Knethaken des Handrührgerätes auf kleiner Stufe vermischen. Anschließend auf höchster Stufe weiterverarbeiten, bis ein glatter Teig entstanden ist. Mit Mehl bestäuben und mit den Händen nochmals durchkneten. Mit einem Tuch bedeckt wiederum aufgehen lassen, und zwar bis der Teig das doppelte Volumen erreicht hat.

Auf einer bemehlten Arbeitsfläche den Teig zu einer Rolle formen, Stücke abschneiden, jeweils golfballgroße Kugeln formen, die in eine mit weiterer warmer Butter üppig ausgegossenen Pfanne oder Form gesetzt werden, immer mit kleinem Abstand. Diese Teiglinge benötigen nun auch wieder ausreichende Zeit und Wärme, um zur gehörigen Größe aufzugehen.

Erst wenn all diese Schritte gelungen sind und die Bälle auch von oben mit warmer Butter bepinselt wurden, können die Dampfnudeln im auf 180°C vorgeheizten Backofen 15–20 Minuten gebacken werden.

Aus dem Ofen nehmen, mit Puderzucker leicht bestäuben, vom Whiskey-Sahne-Likör auf jeden Teller einen Spiegel gießen und dahinein jeweils 2 oder 3 kleine Dampfnudeln setzen.

Brotspezialitäten

Getreide war schon vor 10 000 Jahren, als der Ackerbau begann, ein Grundnahrungsmittel der Menschen. Schon in der Jungsteinzeit wurde es gemahlen, mit Wasser vermischt und auf heißen Steinen zu Fladen gebacken. In Mesopotamien hat man das Brot auch schon in Backformen gebacken, wie durch Funde festgestellt werden konnte.

Brot wurde also, wie Sie merken, nicht von Pfälzern erfunden, wohl aber das Grumbeerbrot. „Grumbeere" ist das Pfälzer Wort für Kartoffeln. Der Anlass könnte gewesen sein, dass die Getreideernte einmal wieder schlecht ausgefallen war, das wichtige Grundnahrungsmittel Brot also nicht zur Verfügung stand. In solchen Zeiten der Hungersnot haben die Pfälzer begonnen, Kartoffeln in ihrem Brot zu verarbeiten – später zum Teil auch in Form von Kartoffelmehl. Das Grumbeerbrot wurde aus der Not heraus erfunden. Auch wenn heute keine Not mehr herrscht, ihr Grumbeerbrot schätzen die Pfälzer nach wie vor.

Ein anderes Pfälzer Brot, das Sie in diesem Abschnitt entdecken können, ist das Rebknorzelbrot, das wie ein knorriger Weinstock aussieht.

Eine recht neue Erfindung ist das Rieslingbrot (oder „Woibrot"), das „De Bäcker Becker" aus Edenkoben in der Pfalz anbietet.

Das Früchtebrot ist mein persönlicher Tipp an Sie, liebe Leserinnen und Leser. Ich backe es seit Jahrzehnten für meine Familie, wo es vor allem als Bestandteil des Frühstücks zu einer Tradition geworden ist.

Claus Becker aus Edesheim, der Erfinder des Rieslingbrots

PFÄLZER GRUMBEERBROT

für 1 Brot

Mit Kartoffeln zu backen ist heute ein wenig aus der Mode gekommen. Aber dennoch wird in Pfälzer Bäckereien gelegentlich noch Grumbeerbrot angeboten. Es ist in Geschmack und Konsistenz einem lockeren Graubrot ähnlich. Natürlich kann man Grumbeerbrot auch selbst backen. Mein Rezept ist nur eine Möglichkeit, ein schmackhaftes Brot durch eine Füllung zu einem wirklich köstlichen Backwerk zu machen.

Zutaten

500 g Grumbeere
350 g Mehl
125 ml Milch
1 Würfel Hefe
1 Ei
1 EL Sonnenblumenöl
1 TL Salz
1 TL Zucker
100 g magerer geräucherter Speck
1 mittelgroße Zwiebel

Zubereitung

Die Grumbeere schälen und sehr fein reiben, in ein Tuch einschlagen und kräftig auspressen. Die Hefe zerbröseln, mit etwas lauwarmer Milch vermischen und bedeckt aufgehen lassen. Zu der Grumbeermasse Ei, Öl, Mehl, Salz und Zucker sowie den Hefeansatz mischen. Nun tritt der Knethaken oder die Küchenmaschine in Aktion: Den Teig bearbeiten, bis er sich als Ballen vom Schüsselrand löst. An einem warmen Ort, bedeckt mit einem Küchentuch, aufgehen lassen, und zwar mindestens 30–40 Minuten.

Indes Speck und Zwiebeln würfeln. Den Speck in einer schweren Pfanne auslassen, mit dem Schaumlöffel herausnehmen und auf Küchenpapier legen. Die Zwiebeln im Speckfett weich (nicht braun) dünsten. Die abgekühlte Mischung in den aufgegangenen Teig einarbeiten. Den Teig zu einem Brot formen oder in eine Kastenform füllen und nochmals zugedeckt 30 Minuten oder bis er gehörig aufgegangen ist gehen lassen. Im vorgeheizten Backofen bei 200°C etwa 45 Minuten backen.

Gut zu wissen,

... dass auch klein geschnittene Oliven, Schafskäse oder ein Gemisch aus beidem eine schmackhafte Alternative sind. Auch Stückchen aus Räucherlachs und etwas Dill schmecken im Grumbeerbrot lecker.

REBKNORZE ODER WOIKNORZE

für 1 Brot

Die Rebknorze sind eine Pfälzer Brotspezialität, die in Teilen der Pfalz auch als Woiknorze bekannt sind. Knorze sind eigentlich das Holz der Weinrebe. Die alten, dicken Stämme können schon sehr „knorzelig" ausschauen. Der pfiffige Ausdruck meint „rustikal" und bezeichnet einen Auswuchs an Pflanzen, wie man sie eben von Weinreben oder auch Bäumen kennt.

Sowohl Brot als auch Brötchen gibt es in Form solcher Knorze. Mit Roggen oder Dinkelmehl gebacken und mit gerösteten Zwiebeln verfeinert oder auch mit Kümmel überstreut, wird diese Spezialität gerne zum Wein angeboten. Und das passt tatsächlich ganz vorzüglich zusammen.

Zutaten

350 g Dinkelmehl (Typ 630)
½ Würfel frische Hefe oder 1 Päckchen Trockenhefe
1 TL Salz
½ TL Zucker
275 ml lauwarmes Wasser

Gut zu wissen:
Das Brot wird besonders knusprig, wenn man ein Schüsselchen Wasser mit in den Backofen stellt.

Zubereitung

Das Mehl in eine Schüssel füllen, in die Mitte eine Kuhle drücken und dahinein die Hefe bröckeln oder streuen. Mit Zucker und Salz überstreuen und mit einer knappen halben Tasse des Wassers auflösen. Diesen Vorteig mit einem Tuch bedeckt an einem warmen Ort aufgehen lassen. Je nach Wetterlage kann dies recht zügig gehen, bei kühler Temperatur aber auch schon mehr Zeit benötigen. Der Vorteig soll als Hügel aus dem Mehl herausragen, ehe die Arbeit weitergehen kann.

Das warme Wasser zum Vorteig geben und zunächst mit einem Holzlöffel den Schüsselinhalt vermischen. Anschließend mit den Knethaken oder der Küchenmaschine weiterarbeiten. Der Teig soll Blasen werfen und muss sich um die Knethaken schmiegen und vom Schüsselrand lösen. Formen Sie nun einen Teigballen und legen Sie ihn in die Schüssel – bedeckt mit einem Tuch an einem warmen Ort gehen lassen. Auf doppeltes Volumen bitte!

Auf die Arbeitsfläche streut man nun großzügig Mehl, um darauf das Knorzelbrot zu formen. Der Teig soll nun aber nicht mehr geknetet werden, denn dadurch würden die Luftblasen herausgedrückt. Durch ein Hin- und Herwiegen den Teig so verdrehen, dass die „knorzelige" Form daraus entsteht. Ein Backblech mit Backpapier auslegen und das Brot auf das Papier gleiten lassen. Auf der mittleren Leiste im auf 180°C vorgeheizten Backofen 30–35 Minuten backen.

WOIBROT (RIESLINGBROT)

für 1 Brot

Eine weitere Brotspezialität, wenn auch neueren Datums, ist das Woibrot – also Weinbrot. Ersonnen hat diese Spezialität ein Bäcker aus Edesheim, Claus Becker. Bäckermeister Becker kam auf die Idee, mit Wein als Brotzutat zu experimentieren, als er 1995 eine Ausgabe der ZDF-Sendung „Drehscheibe“ schaute. Darin ging es um Bierbrot. Wenn es Bierbrot gibt, warum dann nicht auch Weinbrot? Becker tüftelte ein Dreivierteljahr, bevor er schließlich mit seiner Kreation zufrieden war. Das war, wie gesagt, vor dreißig Jahren.

Heute ist Becker nicht nur irgendein Bäcker, sondern ebenfalls einer der eher seltenen Brot-Sommeliers, außerdem Besitzer einer kleinen Kette von Bäckereien in und um Landau. Lange war er in der Lokalpolitik tätig, hat sich aber entschieden, seine Kräfte und sein Fachwissen vor allem der Bäckerinnung zu widmen. Wie so vieles in unserer sich rasch wandelnden Welt wird es nicht leichter, ein Bäckergeschäft mit Erfolg zu führen.

Das genaue Rezept zu Bäcker Beckers Woibrot darf ich leider nicht verraten. Einige wichtige Details aber kann ich mitteilen. Ein erfahrener Hobbybäcker oder eine erfahrene Hobbybäckerin wird aus diesen sicherlich ein Weinbrot hinkriegen. Versuchen Sie's mal!

Also, das Rieslingbrot besteht aus 60 % Roggenmehl, 5 % Roggenschrot und 35 % Weizenmehl. Hinzu kommen Salz und Röstmalz. Der Wein kommt dadurch zum Einsatz, dass Bäcker Becker Brot vom Vortag mahlt und 1:1 mit Wein einweicht, und zwar als Grundlage der neuen Brote.

Lange hat er verschiedene Weine ausprobiert. Jetzt kommt im Beckerschen Rieslingbrot nur noch Riesling vom Weingut Wörner in Edesheim zum Einsatz.

Gut zu wissen,

... dass das Woibrot einen sehr feinen Geschmack besitzt, weshalb Sie es erst einmal nur mit Butter genießen sollten.

FRÜCHTEBROT

für 1 Kastenform von 25 cm

Für dieses Früchtebrot können Sie beinahe alle Trockenfrüchte verwenden. Ich nehme gerne auch mal Datteln oder einige Walnüsse dazu. Und eingehüllt in Stanniolpapier bleibt Ihr Früchtebrot, sollte es nicht sofort verzehrt werden, einen Monat lang gleichermaßen köstlich.

Zutaten

3 große Eier oder das gleiche Volumen an Eiweiß
200 g Dinkelmehl
80 g Zucker
1 TL Backpulver
1 TL Vanillezucker
1 TL Zimt
1 TL Salz
3 EL brauner Rum
100 g Haselnusskerne
75 g Mandelkerne
475 g Trockenfrüchte wie Pflaumen, Aprikosen, Feigen, Birnen, Weinbeeren, Zitronat oder Orangeat

Gut zu wissen,
... dass das Früchtebrot nach dem Abkühlen mit ein wenig Butter bestrichen sehr lecker ist. Guten Appetit!

Zubereitung

Die größeren Früchte werden in nicht zu kleine Stücke geschnitten, die Haselnüsse in Scheibchen und schließlich noch die Mandeln in Stifte. Es kann auch schon mal ein Kern ganz bleiben. Alles zusammen kommt in eine Schüssel, wird mit Rum begossen, um bedeckt für 1 Stunde durchzuziehen. Damit ist die größte Arbeit schon getan.

Jetzt ist es an der Zeit, die Eier schaumig zu schlagen, nach und nach Zucker, Vanillezucker, Zimt und Salz einzustreuen und dabei immer kräftig weiterzuschlagen. Dazu ist der Quirl des Handmixers sehr gut geeignet. Am Ende muss eine dicke Eiercreme entstanden sein.

Nun geht es mit einem Holzlöffel weiter. Die bereitstehende Früchtemischung zur Eiermischung geben und dann Mehl und Backpulver hinzufügen. Alles soll recht gründlich gemischt werden. Die Früchte dürfen nicht aneinanderkleben, das Mehl seinerseits muss alle Zutaten umfangen.

Die Form wird mit Backpapier ausgelegt, der Teig eingefüllt. Wer's mag, kann obenauf noch ganze Mandeln dekorativ verteilen. Dann geht's ab in den auf 150°C vorgeheizten Backofen. Nach etwa 90 Minuten ist das Früchtebrot fertig gebacken. Vom noch warmen Brot das Backpapier abziehen.

Dieses köstlich duftende Brot findet schon bald – noch halb warm – die ersten begeisterten Liebhaber.

Gut zu wissen,

… dass dieser Kranz auch sehr lecker ist, wenn die Füllung weniger üppig ausfällt.

OSTERKRANZ

für 1 Brot

Für den österlichen Frühstückstisch möchte ich Ihnen einen Osterkranz empfehlen, eine Variante des gefüllten Kranzes, wie er in der Pfalz so gerne gegessen wird. Wenn es zur Osterzeit schon grünt und blüht, kann man nach Wunsch auch ein wenig Dekoration hinzufügen. So jedenfalls habe ich meine Freunde mit dem abgebildeten, festlich geschmückten Osterkranz überrascht.

Zutaten

375 g Mehl
25 g Hefe
60 g Zucker
7 EL warme Milch
1 Ei
150 g Butter
1 gute Prise Salz
Fett für das Backblech

Zutaten für die Nussfüllung

200 g gemahlene Haselnüsse
1 EL Honig
6 EL Sahne
abgeriebene Schale einer unbehandelten Zitrone
60 g Zucker
1 Päckchen Vanillezucker
1 Eiweiß
50 g gehackte Mandeln
1 EL weiche Butter
50 g Rosinen
½ TL Zimt
Puderzucker für den Zuckerguss
Mandelstifte zum Bestreuen

Zubereitung

Das Mehl in eine Schüssel geben und in die Mitte eine Vertiefung drücken. Dahinein die Hefe bröckeln, mit Zucker, lauwarmer Milch und etwas Mehl zu einem Vorteig verarbeiten. Den Teig bedeckt an einem warmen Ort 20 Minuten oder bis der Teig sich verdoppelt hat gehen lassen. Die restliche Milch, Zucker, das verquirlte Ei, Butter und Salz in die Schüssel zum Vorteig geben. Alle Zutaten müssen Zimmertemperatur haben! Mit einem Holzlöffel mischen und dann mit den Knethaken schlagen, bis der Teig Blasen wirft. Zum Schluss noch 5 Minuten auf einer Arbeitsfläche von Hand durchkneten. Mit einem Tuch bedeckt nochmals aufgehen lassen, bis der Teig das doppelte Volumen erreicht hat.

Währendessen alle Zutaten für die Nussfüllung gut mischen.

Den aufgegangenen Hefeteig auf einer bemehlten Arbeitsfläche ½ cm dick zu einem Rechteck ausrollen. Dieses in der Mitte teilen und jede Hälfte gleichmäßig mit der Füllung bestreichen. Die beiden Teigstücke der Länge nach zu Rollen formen, lose miteinander verschlingen und schließlich zu einem Kranz formen. Diesen auf einem gefetteten Backblech im vorgeheizten Backofen ca. 20 Minuten bei 200°C backen.

Mit Zuckerguss bestreichen und mit Mandelstiften bestreuen.

Gudes zum Woi

Die alten Reben in Rhodt unter Rietburg

Der Wein hat in der Pfalz wirklich eine lange Geschichte. So steht der älteste noch tragende Weinberg der Welt in der Pfalz, und zwar in Rhodt unter Rietburg, einige Kilometer nördlich von Landau. 2010 verlieh das Deutsche Weininstitut deshalb Rhodt das Prädikat, einer der „Höhepunkte der Weinkultur" in der Pfalz zu sein. Mit diesem Prädikat soll Rhodt unter Rietburg als sehenswerter Ort nicht nur in Deutschland, sondern auch international zum Renommee des deutschen Weines beitragen. Am östlichen Rand des Ortes, im Rosengarten, stehen nämlich Reben-Veteranen, die schon vor dem Dreißigjährigen Krieg (1618–1648) angepflanzt wurden.

Erstmals erwähnt wurde Rhodt als „Crothincheim" – gerodeter Hain – 772 im „Codex Laureshamensis" des Klosters Lorch bei Bensheim. Danach liegt die Geschichte des Dorfes bis zur Erbauung der Rietburg oder Rippburg (1200–1204), die über der erst viel später erbauten Villa Ludwigshöhe liegt, im Dunkeln. In der Folgezeit wird in den Eußertaler Urkunden verschiedentlich von den Edlen von Rhodt berichtet.

Wein wurde in Rhodt seit der Römerzeit angebaut. Für seinen Traminer war der Ort sogar schon im Mittelalter bekannt. So findet man im Stadtarchiv von Speyer ein Schreiben aus dem Jahre 1591, wo der Ruhm des Rhodter Weines hervorgehoben wird. Markgraf Ernst Friedrich von Baden erwarb das Dorf 1603 und machte es dank eines florierenden Weinhandels bald reich. Der wirtschaftliche Aufstieg führte dazu, dass stattliche Winzerhäuser entstanden. Der Aufschwung des Ortes brachte es aber auch mit sich, dass sich Bürger aus Landau und Speyer am Rande des Ortes Herrenhäuser erbauen ließen, um in dieser bevorzugten Landschaft ihre Freizeit genießen zu können.

Den Reiz und die Schönheit der Landschaft erkannte später auch König Ludwig von Bayern. Er ließ sich 1846 seine Sommerresidenz errichten, die Villa Ludwigshöhe, die noch heute imposant über dem Weindorf thront.

1972 konnte Rhodt sein 1200-jähriges Bestehen in alter Pracht feiern, denn die Bürger haben alle nur erdenklichen Anstrengungen unternommen, um die meist denkmalgeschützten Winzerhäuser zu erhalten.

Doch die alten Knorzel im Rosengarten, die selbstverständlich unter Naturschutz stehen, sind das Schmuckstück des Winzerdorfes. Der alte Weinberg mit seinen 300 Rebstöcken, die sich über 600 Quadratmeter ausdehnen, liefert jährlich noch 150–300 Liter Wein. Es sind vorwiegend Traminer mit einigen dazwischen gestreuten Silvaner-Rebstöcken. Leider ist nicht nachvollziehbar, wer diese Reben vor beinahe 400 Jahren gepflanzt hat. Die Trau-

ben, die in dem alten Wingert reifen, werden zu einem ganz außergewöhnlichen Gewürztraminer ausgebaut, der seinem Namen „Rhodter Rosengarten" alle Ehre macht, weil er durch sein feines Rosenaroma besticht. Besitzer des Weinberges ist das Weingut Arthur Oberhofer aus Edesheim.

Noch eine Besonderheit hat Rhodt unter Rietburg vorzuweisen. Hier nennt man den Schoppen „Rhodter Pfiff". Und das ist dann nicht der übliche Pfälzer Schoppen mit seinem halben Liter Inhalt. Nein, der imposante Weinschoppen der Rhodter wird in einem Ein-Liter-Glas serviert!

PFÄLZER LAUCHKUCHEN

für 3 Böden von 30–32 cm Ø

Der Pfälzer Lauchkuchen hat viel Ähnlichkeit mit einer lothringischen Quiche. Hier spiegelt sich die Nähe zu Frankreich und der sich im Laufe der Jahrhunderte immer wieder verschobenen Grenze wider.

Zutaten für den Teig

500 g Mehl
2 TL Salz
250 g Butter
100 ml Eiswasser

Zutaten für den Belag

100 g magerer, mild geräucherter Speck
700 g Lauch (es darf auch ein wenig von den grünen Blättern dabei sein)
250 ml Sahne oder Crème fraîche
3 Eier
3 EL Butter
Salz
frisch gemahlener schwarzer Pfeffer
etwas Muskatnuss

Gut zu wissen,

... dass der Lauchkuchen traditionell in Tortenstücke geschnitten und in fröhlicher Runde zu einem trockenen Pfälzer Weißwein serviert wird.

Zubereitung

Das Mehl auf eine Arbeitsfläche sieben, die Butter in Stückchen und das Salz darüber verteilen, mit den Fingerspitzen mischen und dabei zerkrümeln, bis schrotmehlgroße Flocken entstanden sind. Nun das Eiswasser darüber gießen, den Teig rasch verarbeiten und zu einer Kugel formen. Der Teig darf keinesfalls geknetet werden, weil er dann zäh wird. Leicht mit Mehl bestäubt und in Alufolie gewickelt, muss die Kugel dann wenigstens 30 Minuten in den Kühlschrank. 5 Minuten, bevor der Teig weiterverarbeitet wird, nimmt man ihn aus der Kälte.

Die Teigkugel auf eine mehlbestäubte Arbeitsfläche legen und mit dem Nudelholz zu einem länglichen Streifen ausrollen. Diesen dann dreifach übereinander klappen und um 90° drehen. Diese Prozedur zwei- bis dreimal wiederholen. Den Teig dann in drei gleich große Portionen teilen und diese zu Platten ausrollen, dabei immer wieder hochheben und etwas drehen – so entsteht eine runde Platte, die ausgerollt einen Durchmesser von 32–35 cm haben sollte.

Den Teig über das Nudelholz heben und in eine mit Butter ausgestrichene Form gleiten lassen. Boden und Ränder sorgfältig festdrücken. Mit einem scharfen Messer den überstehenden Teig abschneiden und mit einer Gabel vorsichtig einstechen. Den so vorbereiteten Boden nun mit Backfolie bedecken und mit trockenen Hülsenfrüchten beschweren. Im vorgeheizten Backofen bei 220°C auf mittlerer Schiene 10 Minuten backen, Hülsenfrüchte und Papier entfernen, zurück in die Röhre schieben, wo man beobachten kann, dass der Boden nach 3 Minuten beginnt, sich von der Form zu lösen. Aus dem Ofen nehmen und auf einem Rost abkühlen lassen.

Den gewaschenen Lauch in 0,5 cm dicke Ringe schneiden, blanchieren, abgießen und in einem kleinen Topf in der geschmolzenen Butter unter Schwenken fertig garen. Den in feine Streifen geschnittenen Speck in einer Pfanne anbräunen und auf Küchenpapier legen, damit das überschüssige Fett aufgesaugt wird. Aus der Sahne, den Eiern und den Gewürzen mit dem Quirl eine Creme schlagen. Speck und Lauch auf dem vorgebackenen, abgekühlten Boden verteilen und mit der Eier-Sahne-Mixtur übergießen. Der Lauchkuchen wird schließlich im vorgeheizten Backofen bei 200°C 20–25 Minuten gebacken.

KLASSISCHER FLAMMKUCHEN

für 4 Flammkuchen von etwa 28 cm Ø

Ursprünglich waren Flammkuchen in der Pfalz und im Elsass zu Hause. Als 2009 mein Flammkuchenbüchlein herauskam, war dies noch der Fall. Das hat sich in der Zwischenzeit erheblich geändert, denn heute sind Flammkuchen viel weiter verbreitet und werden fast überall in Deutschland angeboten.

In dem folgenden Rezept beschreibe ich zunächst die Zubereitung eines generellen Hefeteigs für Flammkuchen, um dann den Belag der „klassischen" Variante zu behandeln. Was den Belag angeht, sind der Fantasie aber kaum Grenzen gesetzt.

Zutaten für den Teig

500 g Mehl
1 Würfel frische Hefe oder 1 Päckchen Trockenhefe
4 EL Sonnenblumenöl
1 TL Salz
gut 150 ml lauwarmes Wasser

Zutaten für den Belag

3 große Zwiebeln
300 g geräucherter durchwachsener Speck
2 EL Butter
150 ml Crème fraîche
250 g Magerquark
Salz und Pfeffer
Muskatnuss

Zubereitung

Als Grundlage für einen Hefeteig gilt: Alle Zutaten sollen Raumtemperatur haben, und die Hefe darf nie direkt mit Salz in Berührung kommen.

Das Mehl in eine Schüssel füllen, in die Mitte eine Kuhle drücken, dorthinein die Hefe bröckeln, mit etwas lauwarmem Wasser auflösen und mit Mehl bestäuben. Mit einem Tuch bedeckt, muss dieser Vorteig an einem warmen Platz etwa 20 Minuten aufgehen. Er soll als Hügel aus dem Mehlring herausragen und an der Oberfläche Risse zeigen.

Mit Öl, Salz und dem restlichen warmen Wasser geht dann mittels der Knethaken des Handrührstabes die Arbeit weiter. Erst auf kleiner Stufe, schließlich mit voller Kraft den Teig bearbeiten, bis er elastisch ist, sich von der Schüssel löst und als Kugel an den Haken haftet. Eine Arbeitsplatte leicht mit Mehl bestäuben und den Teig nochmals von Hand durchkneten, bevor er in der mit einem Tuch bedecken Schüssel wieder in Wartestellung gebracht wird, um ein weiteres Mal aufzugehen.

Für den Belag zunächst den Speck in kleine Würfel schneiden (oder fertig gewürfelt kaufen) und zur Seite stellen. Zwiebeln schälen, in feine Stückchen schneiden und unter Zugabe der Butter in einer Pfanne glasig dünsten. Etwas abkühlen lassen, ehe sie später auf dem Boden verteilt werden. Crème fraîche und Quark mischen, salzen und pfeffern. Die Salzmenge richtet sich nach dem Speck. Ist er eher fad, etwas mehr Salz verwenden, ist er schon sehr salzig, lieber wenig oder auch gar kein weiteres Salz zugeben. Aber etwas Muskat oder auch Pfeffer sollte zum Würzen genommen werden. Die Mischung aus Crème und Quark auf den Böden verteilen, darüber die Speckwürfelchen und die Zwiebeln streuen. Den Backofen auf höchster Stufe vorheizen und die Flammkuchen 10–12 Minuten bei Ober- und Unterhitze backen. In Stücke geschnitten heiß servieren.

FLAMMKUCHEN MIT TOMATEN UND PFIFFERLINGEN

für 2 Flammkuchen

Hier ein Rezept für einen etwas ungewöhnlicheren Flammkuchen. Die Kombination aus Tomaten und Pfifferlingen verleiht ihm eine ganz besondere Note.

Was die Pfifferlinge betrifft, so können es diese sein, müssen es aber nicht. Jeder andere Pilz, den der Markt gerade zu bieten hat, oder eine Mischung aus verschiedenen kann sie ersetzen, ... wenngleich gerade Pfifferlinge ganz besonders lecker sind.

Das Rezept für den Boden finden Sie auf Seite 76.

Zutaten für den Belag

400 g Tomaten
1 Gemüsezwiebel
175 g Pfifferlinge
100 g in feine Scheiben geschnittener durchwachsener Speck
200 g Mozzarella
Salz
Pfeffer

Zubereitung

Die Tomaten für 20 Sekunden in kochendes Wasser tauchen, abschrecken, enthäuten und halbieren. Stielansätze und Kerngehäuse entfernen und das Tomatenfleisch in kleine Würfel schneiden, die mit wenig Salz bestreut werden. Die Zwiebel zu dünnen Ringen verarbeiten und den Mozzarella in Scheiben schneiden. Die Pfifferlinge möglichst nur mit Küchenpapier säubern. Auf die vorbereiteten Böden zunächst die halbierten Speckscheiben legen, dann folgen Pilze, Tomaten und Zwiebeln. Mit Salz und frisch gemahlenem Pfeffer würzen und mit den halbierten Mozzarellascheiben belegen. Im vorgeheizten Backofen bei 250°C 10–12 Minuten backen.

Gut zu wissen,

... dass, wenn der Flammkuchen in einem herkömmlichen Backofen gebacken wird, die Backtemperatur erreicht sein sollte, bevor der Kuchen eingeschoben wird. So wird die Backzeit möglichst kurz gehalten, und der Kuchen wird nicht trocken.

FLAMMKUCHEN MIT TRAUBEN UND WALNÜSSEN

für 2 Böden von 28 cm Ø oder ein Backblech

Das folgende Rezept habe ich vor Jahren in Frankreich kennengelernt und nun für Sie aufgeschrieben. Dieser Flammkuchen hat das gewisse französische Etwas! Ich habe das Rezept natürlich probegebacken – mit großem Erfolg! Alle Verkoster waren begeistert. Was meinen Sie?

Zutaten für den Teig

250 g Mehl
20 g frische Hefe
2 EL Walnussöl
1 TL Zucker
1 Prise Salz
⅛ l lauwarmes Wasser

Zutaten für den Belag

500 g Weintrauben (weiße kernlose Früchte sind zu empfehlen, aber auch eine Mischung aus weißen und blauen Trauben ist möglich)
75 g Walnusskerne
2 Eier
150 ml Crème double
2 EL Thymianblättchen
2 EL feiner Zucker
1 Prise Muskatnuss

Zubereitung

Das Mehl in eine Schüssel schütten, in die Mitte eine Mulde drücken. Die Hefe zerbröckeln, mit dem Zucker bestreuen und mit etwas vom abgemessenen warmen Wasser auflösen. Diese Mixtur in die Mulde gießen, mit ein wenig Mehl vom Rand bestreuen, zudecken und an einem warmen Ort für etwa 20 Minuten aufgehen lassen. Wenn das Mehlhäubchen rissig geworden ist, kann die Arbeit weitergehen.

Öl und Salz kommen dazu und das restliche warme Wasser. Mit den Knethaken des Handrührgerätes wird erst auf kleiner Stufe, schließlich mit voller Kraft der Teig bearbeitet, bis er elastisch ist. Er löst sich dann vom Schüsselrand und schlingt sich um die Knethaken. Also abstreifen und auf einer leicht bemehlten Arbeitsplatte von Hand durchkneten. Zu einer Kugel geformt, mit etwas Mehl bestäubt, muss der Hefeteig nochmals aufgehen. Das dauert im Idealfall 20–30 Minuten. Auf jeden Fall aber muss er sich sichtbar vergrößert haben.

Wenn Sie das Ofenblech für den Flammkuchen nehmen, den Teig direkt auf dem leicht mit etwas Öl bestrichenen Blech ausrollen und mit den Fingern an die Ränder ziehen und festdrücken. Sonst aus dem Teig 2 sehr dünne Böden ausrollen. Die Trauben teilen und, wenn es keine kernlosen sind, entkernen. Die Walnüsse grob hacken. Trauben und Nüsse auf dem Boden verteilen. Mit einem Quirl Ei und Crème double schaumig schlagen, mit etwas Muskat und dem Zucker würzen und über die Füllung gießen. Noch mit den Thymianblättchen bestreuen, und dann ab in den Backofen damit. Auf der mittleren Einschubleiste im auf 220°C vorgeheizten Backofen den Flammkuchen etwa 20 Minuten backen und heiß servieren.

Gut zu wissen,
... dass Sie auf den Zucker auch verzichten könnten, da die Trauben süß genug sind.

ZWIWWELE-KUCHE

für 1 Backblech

Eine andere Pfälzer Spezialität, der Zwiwwele-Kuche (auf Hochdeutsch „Zwiebelkuchen"), soll hier nicht unerwähnt bleiben. Der neue Wein – der Federweiße – wird in der Pfalz jedes Jahr sehnlichst erwartet und von Ende September bis in den Oktober hinein allerorts gebührend gefeiert. Zu diesem neuen Wein wird traditionell der Zwiwwele-Kuche gereicht. Dies bedeutet natürlich nicht, dass man ihn nicht auch zu einem normalen Glas Weißwein genießen könnte.

Zutaten für den Teig

Für den Boden nimmt man den auf Seite 80 beschriebenen Hefeteig oder aber man mischt 350 g Weizenmehl und 150 g Roggenmehl. Dadurch wird der Teig etwas dunkler und kräftiger.

Zutaten für den Belag

250 g durchwachsener, geräucherter Speck
Butter für die Pfanne
5 große Zwiebeln
1 Becher Sauerrahm (200 g)
3 Eier
2 EL Kümmelsamen
Salz
Pfeffer
Öl für das Kuchenblech

Zubereitung

Das Backblech einfetten und den Teig mit dem Nudelholz ausrollen, am besten gleich auf dem Blech. Mit bemehlten Fingern zu den Kanten hin drücken. Den in kleine Würfel geschnittenen Speck in einer Pfanne in geschmolzener Butter leicht anbraten, herausnehmen und zur Seite stellen. Die Zwiebeln halbieren, in dünne Ringe schneiden und im Speckfett glasig dünnsten. Die Zwiebeln erst etwas abkühlen lassen, dann mit der Sahne und den leicht verquirlten Eiern mischen. Zum Schluss mit Salz und Pfeffer würzen. Auf dem Hefeteig zuerst die Zwiebelmischung verteilen, sodann die Speckwürfelchen drüberstreuen und zuletzt den Kümmel. Den Kuchen im vorgeheizten Ofen bei 200°C 40 Minuten backen. Noch warm wird der Zwiebelkuchen in Stücke geschnitten und serviert.

Gut zu wissen,

... dass mein Rezept für ein Kuchenblech von 30×40 cm gedacht ist. Obwohl der Zwiwwele-Kuche traditionell einen dickeren Boden hat als Flammkuchen, schmeckt er auch mit einem dünneren Boden sehr gut.

GUGELHUPF MIT SPECK UND WALNÜSSEN

für 1 große Gugelhupfform

Zutaten

500 g Mehl
125 g Butter
200 ml Milch (knapp bemessen)
½ TL Zucker
1 TL Salz
2 Eier
1 Würfel frische Hefe
150 g Schinken- oder Bauchspeckstückchen
100 g grob gehackte Walnüsse und einige Walnusshälften zum Auslegen der Form

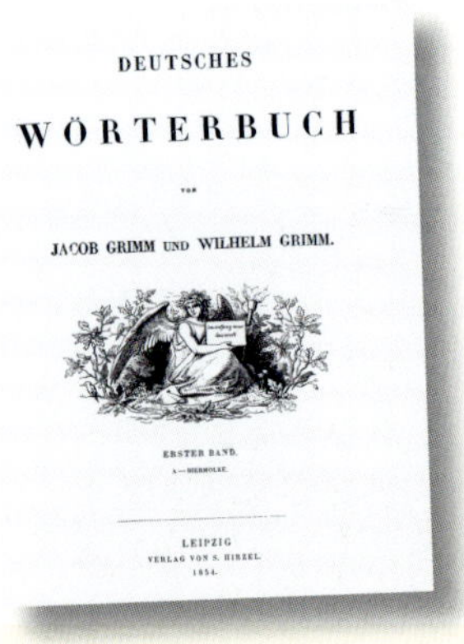
DEUTSCHES

WÖRTERBUCH

JACOB GRIMM UND WILHELM GRIMM.

ERSTER BAND.

LEIPZIG
VERLAG VON S. HIRZEL
1854.

Zubereitung

Das Mehl in eine Schüssel füllen, in die Mitte eine Mulde drücken und dahinein die Hefe bröckeln. Mit etwas lauwarmer Milch, dem Zucker und auch ein wenig Mehl einen glatten Vorteig rühren. Die Schüssel mit einem Tuch bedecken und an einem warmen Ort 20 Minuten oder bis sich der Vorteig verdoppelt hat und aus dem Mehlring herausragt, aufgehen lassen.

Die Butter, die restliche Milch, Eier und Salz – alles soll Raumtemperatur haben – in die Schüssel geben, mit einem Holzlöffel verarbeiten und danach mit den Knethaken des Handmixers schlagen, bis der Teig Blasen wirft. Das braucht etwa 5 Minuten. Zum Schluss den Teigballen auf einer bemehlten Arbeitsplatte mit den Händen durchkneten. Er wird besonders elastisch, wenn Sie ihn dabei immer wieder hochnehmen und kräftig auf die Arbeitsplatte werfen. Das Teigstück ist perfekt, wenn man mit dem Finger ein Loch hineindrückt, das sich langsam wieder schließt. Zurück in die Schüssel legen und wiederum bedeckt bis zur doppelten Größe aufgehen lassen.

Danach auf die ursprüngliche Größe zusammenklopfen und den Speck sowie die gehackten Walnüsse einarbeiten. Jetzt endlich kann der Gugelhupfteig in die zuvor gründlich ausgebutterte und mit den Walnusshälften ausgelegte Form wandern. Mit einem Tuch bedeckt nochmals aufgehen lassen, bis der Teig über den Rand der Form hinausgewachsen ist. Je nach Witterung kann das 1,5–2 Stunden oder länger dauern. Bedenken Sie nur: Er muss, ehe er gebacken werden kann, ordentlich aufgegangen sein. Erst danach in dem auf 180°C vorgeheizten Backofen ungefähr 45 Minuten backen. Ist der Gugelhupf dann gar – und das riecht man deutlich – wird er aus dem Backofen und ein wenig später aus der Form genommen.

Was sagt das Grimmsche Wörterbuch zum Gugelhupf?

Wir sollten hier vielleicht einmal erklären, woher das Wort „Gugelhupf“ stammt, das uns bereits in früheren Rezepten (S. 37, 51, 52) begegnet ist. Zieht man das „Grimmsche Wörterbuch“ zu Rate, so erfährt man, dass „Gugel“ eine Kapuze bezeichnet. Und was hat es mit dem „Hüpfen“ auf sich? Wir lesen: „Der zweite Bestandteil dürfte zum Verb hüpfen gehören und bezieht sich auf die infolge der Hefe sich wie eine Gugel hebende obere Fläche des Kuchens.“ Aha – „Hüpfen“ ist also ein mundsprachliches Wort für „aufgehen“.

LAUGENBREZEL

für 20 bis 22 Brezeln

Wir wollen Sie hier nicht langweilen, liebe Leserinnen und Leser, aber wussten Sie, dass es eine Wissenschaft vom Brezel gibt? Die Überlegungen begannen, so scheint es, mit einem Artikel, den ein gewisser Hofrat Dr. M. Höfler 1905 im „Archiv für Anthropologie“ veröffentlichte. In diesem Artikel unterschied der Hofrat sage und schreibe 64 verschiedene Formen des Brezels. Er vertrat die These, Brezeln – eine Form des sogenannten Gebildbrotes – seien ursprünglich Grabbeigaben gewesen! Das ist ja doch ein wenig morbid, zeigt aber gleichzeitig, wie viel Geschichte und Kultur in unseren Backwaren stecken.

Glücklicherweise haben die Brezeln heute eine fröhliche Bedeutung: Sie werden beispielsweise gern zu alkoholischen Getränken verspeist. Auch gibt es in verschiedenen Orten jährliche Brezelfeste, von denen das bekannteste wohl das in Speyer ist. Gefeiert seit 1910, findet es jeweils in der zweiten Juliwoche statt. Sogar mit einem Brezelfestumzug ist es verbunden.

Zutaten

500 g Weizenmehl
20 g frische Hefe
¼ l warmes Wasser
1 TL Salz
1 Prise Zucker
2 EL Butter

Zutaten für die Lauge

60 g 4-prozentiges Natriumhydroxid auf
1½ l Wasser
grobes Salz zum Bestreuen

Gut zu wissen,

... dass die Laugenbrezeln ganz besonders lecker sind, wenn sie noch warm gegessen werden. Man kann sie aber auch dem Opa ins Grab legen – Tschuldigung, kleiner Witz ...

Zubereitung

Das Natriumhydroxid in eine hitzebeständige Schüssel schütten und das Wasser darüber gießen. Hin und wieder umrühren, bis die Chemikalie sich aufgelöst hat.

Das Mehl in eine andere Schüssel füllen, in die Mitte eine Kuhle drücken und dahinein die Hefe bröckeln. Butter und Salz zugeben und mit dem warmen Wasser auflösen. Während mit dem Knethaken des Rührgerätes fleißig gearbeitet wird, das restliche Wasser zugießen und aus den Zutaten einen glatten, festen Teig herstellen. Daraus auf einer leicht bemehlten Arbeitsfläche eine Wurst rollen und in 90 cm lange Stücke schneiden. Jedes Teigstück mit der flachen Hand zu Rollen drehen, deren Enden nicht mehr als Bleistiftdicke haben sollen, während der Bauch schön dick bleibt. Nun die Brezeln umeinanderschlingen, die dünnen Enden auf jeden Fall erhalten (denn eben diese dünnen, knusprigen Stücke machen die Laugenbrezel so beliebt).

An einem warmen Ort die Teigstücke aufgehen lassen, bis sie sich voll und weich anfühlen. Hernach stellt man sie an einen kühlen Ort, bis sie eine feste Haut gebildet haben. Die Brezeln nun kurz in die Lauge tauchen. Herausfischen, mit grobem Salz bestreuen und auf das Backblech setzen, das zuvor mit Backpapier ausgelegt wurde. Im vorgeheizten Backofen bei 200°C 25–30 Minuten backen.

Die Pfälzer und ihr Gebäcksle

Gebäck heißt in Pfälzer Mundart „Gebacks" oder „Gebäcks". In einem Schifferstadter Kochbuch fand ich dazu die nette Variante „Gebäcksle". Mit der Endung „le" wird der sogenannte Diminutiv gebildet, also die Verkleinerungsform. „Gebäcksle" ist also Kleingebäck, wie etwa die Wespe-Nester und Anis-Küchle, die Sie im folgenden Teil dieses Buches finden. Leider, so musste ich erfahren, ist „Gebäcksle" in anderen Teilen der Pfalz nicht so gebräuchlich.

Für selbst gebackenes Weihnachtsgebäck fand ich noch weitere regional bekannte Benennungen, wie etwa Plätzchen, Plätzle, Platzerl, Brödle oder Bredle, Kekseln oder auch Keksle, Loible, Guetsle, Guetsli, Gützi, Guetzi (klingt recht schwyzerdütsch), und dann habe ich auch noch Krapferl und Chräpfli zu bieten. Und nun zum Pfälzer Gebäcksle!

ANIS-KIECHLE

für ein Backblech 40 x 30 cm

Anis-Kiechle und Springerle sind süßes Kleingebäck, das aus dem gleichen Teig hergestellt wird. Die Springerle besitzen allerdings ein Reliefmuster, das ihnen in speziellen Formen eingeprägt wird. Ein etwas anderes Springerle-Rezept finden Sie weiter hinten in diesem Buch.

Zutaten

175 g Mehl
200 g Zucker
2 Eier
2 TL gemahlene Anissamen
1 Messerspitze Backpulver

Zubereitung

Eier und Zucker schaumig schlagen, bis eine helle, cremige Masse daraus geworden ist. Das Mehl und den Anissamen untermischen. Das Kuchenblech mit Backpapier auslegen oder das Blech mit Butter ausstreichen. Mit einem Spritzbeutel (alternativ mit einem Kaffeelöffel) kleine Häufchen auf das vorbereitete Blech setzen. Über Nacht stehen lassen und am nächsten Morgen bei 160°C 15 Minuten mehr trocknen als backen. Die Kiechle dürfen auf keinen Fall Farbe annehmen. Anis-Kiechle sind sehr lecker und zeichnen sich durch ihre weiße Haube aus.

Gut zu wissen,

... dass die Anis-Kiechle ziemlich süß sind. Aber wie bei vielen Rezepten, so ist es auch hier möglich, die angegebene Zuckermenge ein wenig zu reduzieren.

WOIGEBÄCK

für ein Backblech 40 x 30 cm

Wir wissen es schon: Die Pfälzer lieben ihren Wein! Und so ist es nicht allzu verwunderlich, dass dieses Woigebäck nicht nur unter Verwendung von Wein gebacken, sondern auch zum Wein gerne geknabbert wird.

Zutaten für den Teig

250 g Mehl
125 g Butter
125 g Zucker
3 EL milder Weißwein
1 TL Zimt
1 Eiweiß zum Bestreichen
50 g Hagelzucker zum Bestreuen

Zubereitung

Die Butter in einem kleinen Topf bei geringer Temperatur schmelzen. Die restlichen Zutaten in eine Schüssel füllen und die flüssige Butter zugießen. Zu einem Teig verarbeiten, in Frischhaltefolie wickeln und für eine knappe Stunde im Kühlschrank ruhen lassen. Den Teig auf eine mit Mehl bestäubte Arbeitsfläche legen. Mit dem Nudelholz zu einem länglichen Streifen ausrollen, dreifach übereinanderschlagen und dies 3–4-mal wiederholen. So entsteht ein homogener Teig, der sich hernach prima ausrollen lässt.

Mit Motivförmchen Plätzchen ausstechen und auf ein mit Backpapier ausgelegtes Blech legen. Das Eiweiß leicht verquirlen, mit einem Backpinsel die Plätzchen damit bestreichen und den Hagelzucker darüber streuen.

Bei 180°C im vorgeheizten Backofen 12–15 Minuten auf der mittleren Schiene backen. Auf einem Kuchenrost abkühlen lassen.

Gut zu wissen:

Um zu verhindern, dass lose Zuckerstückchen beim Backen das Blech verunreinigen, das Gebäck bereits vor dem Umsetzen mit Zucker bestreuen.

WESPE-NESTER

für 20 Stück

„Wespe-Nester“ ist die Pfälzer Bezeichnung für Mandelmakronen. Übrigens handelt es sich bei „Wespe-Nester“ nicht um einen Tippfehler. Die Pfälzer verschlucken nämlich gerne den letzten Buchstaben eines Wortes.

Zutaten

250 g Mandelstifte
250 g Zucker und 2 EL Zucker
60 g Schokolade (70 % Kakaoanteil)
1 Päckchen Vanillezucker
3 Eiweiß

Zubereitung

Die Mandelstifte und 2 EL Zucker zunächst mischen. Bei milder Temperatur rösten, dabei darauf achten, dass die Mischung nur eben karamellisiert, keinesfalls aber bräunt. Die Mandelmasse auf ein Backpapier schütten, ein wenig abkühlen lassen und hernach die zusammenhaftenden Mandeln mit den Fingern voneinander lösen und bis zur Weiterverarbeitung zur Seite stellen.

Jetzt das Eiweiß zu sehr steifem Schnee schlagen und dabei nach und nach Zucker und Vanillezucker einrieseln lassen. Zu der Eiweißmixtur nun die Mandelstifte und die zuvor geriebene oder wahlweise fein gehackte Schokolade geben und mit einem Spatel behutsam unterheben, ohne die Bläschenstruktur zu zerstören. Mit einem Teelöffel kleine Häufchen auf ein gut mit Butter bestrichenes oder mit Backpapier ausgelegtes Backblech setzen. Die so vorbereiteten Plätzchen erst einmal für etwa zwei Stunden zur Seite stellen.

Danach wandert das Gebäck bei 150°C (Umluft 140°C) für 25–30 Minuten in den Backofen. Zum Abkühlen zieht man das Backpapier nebst den Wespe-Nestern behutsam vom Backblech. Nach etwa 10 Minuten lässt sich ein Makrönchen nach den anderen recht einfach vom Backpapier lösen.

Gut zu wissen,

... dass man die Wespe-Nester ruhen lässt, damit die Oberfläche etwas antrocknen kann. Denn so entweicht beim Backen nicht die Luft, und ein Aufplatzen der Plätzchen wird verhindert.

TIPP

Am Zucker können Sie ruhig etwa 50 g sparen. Das beeinträchtigt den Geschmack dieser Leckerei nicht.

WOLFSZÄHNE

für ein zehnzahniges Blech

In den grenznahen Gebieten zu Frankreich gibt es schon sehr lange Gemeinsamkeiten in der Kulinarik. Dies verwundert nicht, weil die Grenze zwischen Pfalz und Elsass sich immer wieder verschoben hat. Ein gutes Beispiel sind die Flammkuchen, Elsässisch „Flammekueche“ oder Französisch „tartes flambées“. Außer einer ganzen Reihe weiterer Speisen zählen zu diesen Gemeinsamkeiten auch die Wolfszähne oder „dents de loup“ – ein Backwerk, das hüben und drüben seit dem 17. Jahrhundert fleißig gebacken wird. Schon die alte Form aus dem Familienbesitz einer Freundin bestätigt, dass es sich um eine ganz traditionelle Backware handelt.

Man sagte den Wolfszähnen nach, dass Wöchnerinnen und Rekonvaleszenten, die mit Weincreme und Wolfszähnen verwöhnt wurden, schneller wieder auf die Beine kamen.

Zutaten für den Teig

150 g Mehl
125 g Zucker
1 Päckchen Vanillezucker
2 mittelgroße Eier
Butter zum Ausstreichen der Form

Zubereitung

Aus Zucker, Vanillezucker und Eiern eine schaumige Masse herstellen. Das Mehl nach und nach zugeben, indem man weiter rührt. Wenn ein gebundener Teig daraus geworden ist, füllt man ihn kaffeelöffelweise (nicht mehr als höchstens 3 Löffel pro Rille) in die mit Butter ausgestrichene Form. Seien Sie mit der Butter nicht gar zu sparsam, denn ihr Aroma überträgt sich auf das Zahngebäck.

Im auf 175°C vorgeheizten Backofen in etwa 20 Minuten goldbraun backen. Sie werden sehen, der Teig ist auseinandergeflossen und es sind Wolfszähne daraus geworden.

Gut zu wissen,

... dass die Beliebtheit dieses traditionellen Gebäcks dazu geführt hat, dass inzwischen moderne Wolfszahnformen im Handel angeboten werden.

KLEIENBRÖTCHEN

Die Kleienbrötchen sind wie die Springerle(in) ein altes pfälzisches Weihnachtsgebäck. Traditionelle Pfälzer Bäckermeister machen sich auch heute noch die Mühe, diese alten Pfälzer Weihnachtsplätzchen für die Liebhaber unter ihren Kunden zu backen.

Zutaten für den Ausstechteig

6 Eigelbe
200 g Zucker
500 g Mehl
250 g Butter

Zutaten für die Makronenmasse

6 Eiweiß
200 g Zucker
250 g Haselnüsse

Zubereitung

Aus Eigelben, 200 g Zucker, Mehl und Butter einen Plätzchenteig herstellen, messerrückendick auswellen und runde Taler ausstechen. Ein Backblech mit Backpapier auslegen und die Taler darauf platzieren – erst einmal beiseitestellen.

Nun das Eiweiß zu steifem Schnee schlagen. Dabei nach und nach den Zucker einrieseln lassen. Die gemahlenen Haselnusskerne dazu mischen und mit einem Teelöffel kleine Häufchen auf die Teigtaler setzen. Die so vorbereiteten Teigstücke bei 160°C 15–20 Minuten zu Kleienbrötchen backen. Typisch pfälzisch und sehr lecker!

NUNNE-FERZLE

Bei den Nunne-Ferzle (also „Nonnenfürzchen") möchte man annehmen, dass der Name von „Furz" abgeleitet wird. Doch handelt es sich wohl nur um das zischende Geräusch, wenn die Teigbällchen in heißem Fett ausgebacken werden. In diesem Fall wären die Nonnenfürzchen also fettgebackene Bällchen.

Die Gebrüder Grimm hielten in ihrem berühmten Wörterbuch eine Ableitung der zweiten Silbe vom französischen „farce" (also „Füllung") für wahrscheinlicher. Sie definierten die Nonnenfürzlein als „ein in Nonnenklöstern übliches pfeffernussartiges Gebäck". Die Nunne-Ferzle wären dann also Pfeffernüsse und als solche werden sie in der Pfalz verstanden und gebacken.

Zutaten für den Teig

250 g Mehl
250 g Zucker
1 Ei
2 Eigelbe
35 g Zitronat
1 TL Zimt
2 Strich frisch geriebener Muskat
1 TL Nelkenpfeffer
1 TL gemahlenen schwarzen Pfeffer
3 EL Kirschwasser
2 Messerspitzen Pottasche
Butter zum Ausstreichen der Form

Zubereitung

Zucker, Ei und Eigelbe sowie die Pottasche zusammen in einer Rührschüssel mit den Quirlen des Handmixers schlagen, bis die Masse schaumig geworden ist. Mehl, Gewürze und das Kirschwasser zugeben und gehörig durchkneten. Den Teig auf einer Arbeitsfläche zu fingerdicken Würsten ausrollen. Davon jeweils drei Zentimeter lange Stücke abschneiden und auf ein mit Backpapier ausgelegten Backblech hochkant aufsetzen. So sollen sie erst einmal über Nacht ruhen.

Am folgenden Tag die Nunne-Ferzle um 180° drehen, will heißen auf den Kopf stellen und bei 180°C etwa 15 Minuten backen.

Gut zu wissen,
... dass diese Plätzchen auch mit einem Schokoladenüberzug sehr lecker sind.

PRINZESSINNEN-BROT

Prinzessinnen-Brot ist ein Brandteiggebäck. Das folgende Rezept habe ich dem „Neuen Pfälzischen Kochbuch für bürgerlich und feine Küche" der berühmten Pfälzer Kochbuchautorin Emmy Braun (1826–1904) entnommen. Neben Anna Bergner war Emmy Braun die wohl bekannteste Pfälzer Kochbuchautorin. Mit elf Auflagen war ihr Kochbuch um die Wende zum 20. Jahrhundert das meistverkaufte Werk in der Pfalz, das auch nach Amerika ausgewanderte Pfälzer gerne zu Rate zogen. Noch heute sind viele Exemplare im Pfälzer antiquarischen Buchhandel erhältlich, in der Regel gut benutzt – also vom Kochen bekleckert – und mit Anmerkungen versehen. Aus solch einem Exemplar stammt dieses Rezept.

Zutaten

250 g Mehl
250 g Butter
½ l Milch
70 g Zucker
4 mittelgroße Eier
1 verquirltes Ei zum Bestreichen des Gebäcks
Mandelblätter
Zucker
Weingelee (alternativ Himbeer- oder Johannisbeergelee)

Zubereitung

Die Milch mit der Butter und 70 g Zucker in einem Topf, der groß genug ist, später alle Zutaten aufzunehmen, zum Sieden bringen. In die siedende Mixtur das komplette Mehl einschütten und unter beständigem Rühren zu einem Teigballen kochen, der sich schließlich vom Boden des Topfes löst. Nach dem Abkühlen die Eier, eines nach dem anderen, unter tüchtigem Schlagen mit einem Holzlöffel zugeben.

Auf einer mit Mehl bestäubten Arbeitsfläche aus dem Teig fingerlange, dicke Würste formen, mit dem Ei bestreichen und mit Zucker und den Mandelblättern bestreuen. Bei schwacher Hitze (180°C) 20–25 Minuten ausbacken. Die Stangen nach dem Erkalten der Länge nach spalten, dünn mit dem Gelee bestreichen und wieder aufeinandersetzen.

Gut zu wissen,

... dass ich Weingelee für die Füllung der Prinzessinnen-Brote genommen habe. Weingelee ist eine Pfälzer Spezialität, die sich sehr gut als Füllung für dieses Gebäck eignet. Können Sie kein Weingelee bekommen, geht aber auch Himbeer- oder Johannisbeergelee.

SPRINGERLEIN

die Anzahl richtet sich nach der Größe der Formen

Auch das folgende Springerlein-Rezept stammt aus dem „Neuen Pfälzischen Kochbuch" von Emmy Braun. Ich habe es nicht verändert und gebe den Text hier so wieder, wie er in dem alten Büchlein erscheint, denn er hat bis heute Gültigkeit und ergibt köstliches Gebäcksle.

Nehme ½ Kilo feingestoßenen Zucker, das Abgeriebene einer Zitrone nebst dem Saft, ein wenig Vanillin und 5 Eier, wovon das Weiße gleich zu Schnee geschlagen und beigefügt wird, in eine Schüssel und rühre es ¾ Stunden. Dann gib feines Mehl dazu, bis der Teig steif ist, verarbeite ihn tüchtig, welle ihn kleinfingerdick aus und schneide ihn, nach der Größe der Holzformen, in viereckige Stückchen.

Dann binde ein wenig Mehl, mit Zucker vermischt, in ein Mulläppchen, betupfe die Formen damit, drücke die Teigstückchen darauf, nimm sie ab, wenn die Figur sich deutlich darauf abgedrückt hat, lege sie auf ein mit Butter bestrichenes und mit Mehl bestreutes Kuchenblech, lasse sie über Nacht stehen und backe sie am anderen Tag bei gelinder Hitze.

Gut zu wissen:

Lassen Sie sich nicht von der Angabe abschrecken, der Teig müsse eine Dreiviertelstunde gerührt werden! Das trifft im Zeitalter des elektrischen Handrührgeräts natürlich nicht mehr zu. Und zu der „gelinden Hitze": Die Springerlein auf Backpapier legen und in der vorgeheizten Backröhre bei 125°C 10–15 Minuten backen, die Hitze zurückschalten und noch 10 Minuten fertigbacken.

Register